똑바로 우아하게 걷기

KB193295

한 절 현대역 말씀 공감

똑바로 우아하게 걷기

ⓒ 류호준

초판 1쇄 인쇄 | 2023년 04월 01일
초판 1쇄 발행 | 2023년 04월 10일

지은이 | 류호준
발행인 | 강영란
편집 | 박관용, 권지연
디자인 | 트리니티
마케팅 및 경영지원 | 이진호

펴낸곳 | 샘솟는기쁨
주소 | 서울시 충무로 3가 59-9 예림빌딩 402호
전화 | 대표 (02)517-2045
팩스 | (02)517-5125(주문)

이메일 | atfeel@hanmail.net
홈페이지 | https//blog.naver.com/feelwithcom
페이스북 | https//www.facebook.com/publisherjoy
출판등록 | 2006년 7월 8일

ISBN 979-11-92794-04-4(03230)

똑바로
우아하게
걷기

한 절
현대역
말씀 공감

류호준 지음

성경학자의 66가지 신학적 단상, 현대인들에게 쉽게 다가가는 한 절 말씀

샘솟는
기쁨

성경을 사랑하는 손자·손녀들이 되기를 바라며

예섬(Evan)

예일(Ian)

예닮(Owen)

여정(Sophie)

여은(Joy)

이서(Olivia)

한 절 말씀,
씹고 뜯고 맛보고 즐거워하기

어린 시절, 엄격한 청교도적 신앙인이었던 아버지는 마흔둘 나이에 백혈병으로 이 세상을 떠나셨습니다. 시골 교회 집사님이었던 아버지의 직업은 서울을 오고 가는 시골 버스 운전사였습니다. 여름 방학이면 으레 자연의 평화로움을 누리기에 버거운 숙제가 주어지는데, 아버지의 명에 따라 창세기에서 요한계시록까지 성경 전체를 읽어야 했습니다. 그때가 초등학교 2학년 때였으니 여간 힘든 일이 아니었습니다.

싸리 대문 너머 들판에는, 소를 모는 몇 살 위 동네 형들이 풀을 먹이는 모습이 보였습니다. 어린 동생들은 마루에서 조용히 놀고 있었고, 너른 마당에는 한여름 낮잠을 즐기는 멍멍이가 턱을 땅에 죽 펴고 누워 있었으나, 나는 창호지 거실 문을 열어 둔 채 소리 내어 성경을 읽어야 했습니다.

그 무렵에 여름 방학은 삼십여 일이었습니다. 백지에 계산해 보면, 하루에 읽어야 할 성경이 수십 장이었습니다. 돌이켜 보니 혹독한 여름 방학을 보냈던 것입니다. 이야기체 성경이어서 그랬는지 구약이든 신약이든 재미있었지만, 어떤 성경은 왜 이럴까 하는 생각도 들었고 미처 이해하지 못한 내용도 있었습니다. 그래도 열심히 읽었습니다.

방학이 끝나는 날이면, 아버지의 최후 심판대에서 성경 66권의 구두 시험을 치러야 했습니다. 그 시험을 통과해야 개학일에 학교에 갈 수 있었습니다. 두렵고 떨리는 마음으로 아버지 앞에 다소곳이 무릎 꿇고 앉았는데, 질문을 하시기도 전에 서러움이 북받치곤 했습니다. 분명히 정직하게 성경을 소리 내어 모두 읽었지만, 혹시 우물쭈물 대답하지 못하거나 틀린 대답을 한다면, 아버지는 대뜸 "너 성경을 읽지 않았지?" 하며 다그칠 것 같았습니다.

아버지는 그렇게 엄격한 분이었고, 나는 그렇게 소심한 어린아이였습니다. 거의 60년이 되어 가는 지금도 그때 나를 절망으로 몰아간 아버지의 마지막 질문을 생생하게 기억합니다. "아들아, 잠언은 누가 썼지?" 헐, 이게 뭔 질문이지라고 생각하는 사이에 아버지가 "솔로몬이 썼지?"라고 덧붙입니다. "예, 그렇습니다." 기죽은 소리가 목구멍을 타고 넘어오기가 힘들었습니다.

다음 질문이 이어졌습니다. 잠언서 1장 첫 절에 따라 "이스라엘 왕 솔로몬의 잠언인가? 유다 왕 솔로몬의 잠언인가?" 양자택일을 해야 할 질문이었습니다. 이게 뭔 소리인가? 만약 틀린다면 기다리는 것이 있었습니다. 초달(楚撻, 회초리로 종아리를 때리다)! 지금이야 옛이야기라고 들리겠지만 그때만 해도 '초달'이 있었습니다.

성경을 웬만큼 아는 지금의 나로서 이스라엘의 남북 왕조가 갈린 것은 솔로몬 이후이니, 솔로몬은 유다의 왕이 될 수 없다는 정도는 알고 있지만, 초등학교 2학년 어린아이가 어찌 그 숨 가쁜 순간에 그런 말머리를 생각해 낼 수 있을까요. "예, 솔로몬은 유다의 왕입니다!" 결국 잘못된 대답을 한 나는 최후의 심판대에 서고 말았습니다.

곧바로 싸리 대문 건너편 언덕에 올라가 싸리나무 회초리를 꺾어야 했고, 종아리를 걷고 베개 위에 올라서서 내 나이 숫자만큼 맞았습니다. 눈물이 핑 돌았습니다. 서러웠습니다. 아버지가 돌아가실 때까지 매년 그렇게 여름 방학을 보냈습니다.

이런 식으로 성경을 읽고 배웠습니다. 그 시절의 아버지는 야속하기만 했으나 돌이켜 보면 마음이 촉촉해집니다. 이른 나이에 돌아가신 아버지가 그립습니다. 아버지의 그런 훈련이 없었더라면 지금의 내가 있을까 합니다. 성경 사랑을 좀 특이한 방식으로 배우긴 했지만, 부모님이 남긴 커다란 가족 성경(Family Bible)을 볼 때마다 "주의 말씀은 내 발의 등이요, 내 길의 빛입니다."(시 119:105)라는 옛 시인의 말이 심금을 울립니다.

성경 읽기를 통해 한글을 깨우쳤고, 성경을 보면서 한자어를 배웠습니다. 어느 땐 성경의 글자가 살아서 움직이는 희한한 경험을 하기도 했습니다. "하나님의 말씀은 살아 있고 힘이 있어서, 어떤 양날 칼보다도 더 날카롭습니다. 그래서 사람 속을 꿰뚫어 혼과 영을 갈라내고, 관절과 골수를 갈라놓기까지 하며, 마음에 품은 생각과 의도를 밝혀냅니다."(히 4:12) 말씀을 읽고 묵상하면서 나 자신의 추한 몰골과 죄로 가득한 성품을 보게 되었으며, 말씀 앞에 꿇어 통회(痛悔, 가슴 아프게 후회하다)하고 자복(自服, 자백하여 복종)하게 되었습니다. 동시에 하나님의 은혜가 얼마나 크고, 그분의 신실하심이 다함이 없다는 것도 배웠습니다.

나는 그렇게 성경학자가 되었습니다. 성경을 가르치는 것 이상으로 성경을 살아 내는 일이 신자의 삶에 가장 중요한 목표임도 알게 되었습니다. 이 책에 실린 글도 성경 사랑에서 시작된 자그마한 몸짓의 극히 일부입니다.

성경학자로서 신학생들에게 성경 해석 방법을 가르쳤습니

다. 예를 들어, 장르 이해, 문단 구조와 문단 나누기, 핵심 주제 찾기, 사상의 전개, 주제어 반복 사용, 다양한 문학적 관습, 구문론, 시형 본문 이해, 사회사적 배경, 문화 이해 등이 있습니다. 하지만 일반 신자들이 이런 학문적 방식을 다 알고 성경을 읽는 것은 아니라는 사실도 압니다.

나도 그렇지만 그분들도 성경을 읽다가 때론 한 절이 마음에 큰 울림을 일으키는 경험을 하셨을 것입니다. "한 절!" 그렇습니다. 한 절을 깊이 음미해 보면서 깊은 육즙의 맛이나 과즙의 향을 경험하게 됩니다. 이보다 더 좋을 수는 없는 날입니다. 더도 말고 덜도 말고 딱 한 절입니다!

이 책은 독자 여러분을 위해, 동료 그리스도인을 위해 성경에서 66개의 구절을 뽑아 묵상한 신학적 단상(斷想) 모음집입니다. 현대인들에게 쉽게 다가가기 위한 한 절 현대역(現代譯) 말씀 공감입니다. 성경에서 "묵상(默想)한다."라고 번역된 히브리어(הָגָה, 하가)의 본뜻은 '낮은 소리로 읊조린다'이지만 현대적으로 표현하자면 '씹고 뜯고 맛보고 즐거워하기'입니다.

여러분도 이 책을 통해 성구 한 절을 씹고 뜯고 맛보고 즐거워하실 뿐 아니라, 하나님의 말씀이 정말 달고 오묘하다는 것을 경험하시기를 바랍니다. 바라건대 인생 순례의 길에 이정표가 되는 성경 말씀을 더욱 사랑하세요. 하나님의 가르침에 따라 똑바로 우아하게 걸어갑시다.

끝으로, 이 시시한 원고를 기꺼이 받아 주시고 정성스레 아담한 형태로 만들어 주신 도서출판 샘솟는 기쁨 강영란 대표에게 진심 어린 감사를 드립니다. 방배동의 한 카페에서의 첫 긴 만남에서 싹튼 신뢰와 우정이 마침내 소박한 열매로 맺게 되었습니다. 고맙습니다. 날마다 샘솟는 기쁨이 모두에게 계속되기를 희망합니다.

길고 긴 코비드-19가 끝나고 마주한 부활절에 즈음하여
류호준

차 례

PART 1

은혜,
거룩한
사랑

회심의 동선

"아들은 일어나서 자기 아버지 집으로 갔습니다."

눅 15:20

단번에 완전하게 회심한 사람은 성경에 나오지 않는다. 그들은 하나님으로부터 멀리 떠나 있던 사람들이고, 어느 날 갑자기 하나님께로 돌아온 것도 아니었다. 우리가 아는 사실은 그들 마음에 무엇이 꿈틀대자, 그 자리에서 일어나서 하늘 아버지에게로 가던 길이라는 사실이다. 이것이 회심의 동선(動線)이다. 마침내 그곳을 떠나 '아버지 집'으로 발길을 돌렸다. 회심은 앞을 향해 나아간다. 그리고 시간이 걸린다.

은혜는 그렇게 왔습니다

"삭개오 씨! 어서 내려오세요. 오늘 내가 당신의 집에 머물고 싶습니다."
눅 19:5

키 작은 삭개오는 우리가 잘 아는 이름이고, 유년 시절 교회 학교에서 자주 듣던 이야기의 주인공이다. 오래전부터 익숙한 이야기여서 낯설게 대하기가 참 어렵다. 그러나 설교학적으로 접근하면 충분히 보상이 있고, 일찍이 가졌던 선입견과 고정관념에서 벗어나면 다시 들리고 새롭게 영향을 미칠 것이다.

예수께서 예루살렘으로 가는 도중에 왜 여리고에 들어가셨을까? 이것이 흥미롭다. 거룩한 도시 예루살렘으로 가다가 라스베이거스에 들렀다는 것인데, 여리고는 미국 서부 향락의 도시 라스베이거스처럼 사막에 있는 오아시스였다. 온천 지대 여리고는 여행객에게 대표 관광지였으며, 야자수나무, 뽕나무, 그리고 멋진 정원에는 수많은 관상식물로 가득찬 마을이었다. 여리고를 좋아한 헤롯 왕은 사치스러운 궁궐을 세우고, 곳곳에 운동 경기장, 극장 등 여가를 즐길 수 있는 시설을 많이 세웠다. 그래서 삭개오 같은 지방 국세청장이 이 도시에서 엄청난 세금을 거둬들일 수 있었다. 로마인 관광객 수입과 무역 흑자 현찰이 마구 흘렀으므로 그다지 놀랄 일이 아니었다. '여리고에 머물면 무슨 일이 일어나는지 모든 사람이 압니다!'라는 홍보 문구가 여행자를 끌어들이는 관광지였다.

여리고가 어떤 도시인지 어느 정도 감을 잡았을 것이다. 아마 과장되게 들리겠지만, 이곳 국세청 직원이라면 몇 년만 근무해도 엄청난 현찰이 생긴다는 소문이 날 만했다. 아파트 한두 채 손쉽게 구입하고도 은행에 저금하면서 살 수 있다는 그런 도시였다. 예수와 제자들은 영적 위험이 곳곳에 잠복된 이곳 여리고에서 삼가 조심할 수밖에 없었다.

그러나 예수께서 사치와 향락의 무릎에 걸려들고 말았다. 바깥에서 안을 들여다보면, 여리고에 머문 예수께 일어난 일은 누구나 두려워하던 일종의 안타까운 사건이었다. 삭개오는 여리고에서 '하찮은 시민'이라고 해도 반대 세력이 많았던 터여서 주목받는 인물과 함께 저녁 식사를 했다는 것만으로도 죄가 될 수 있었다.

왜 삭개오는 하찮은 시민이었을까? 유대인이나 악한 로마인들과 협력을 일삼았고, 자신의 지위를 이용하여 돈을 착복한 부패한 인간이기도 했으니 말이다. 하지만 동료 유대인들은 그에게서 이율배반적 감정을 느꼈을 것이다. 경멸하면서 동시에 질투심을 느낀다고 할까? 이런 경우 친숙하면서 역설적인 조합이다. 예를 들어, '그녀는 도도하고 방자해. 멋있지만 말이야!' 같은 양가감정이다. 가장 싫어하는 대상이더라도 질투할 수 있다.

이 이야기에 관해 교회학교 노래 가사에도 있듯이, 삭개오는 '주님을 보기 위하여' 뽕나무에 올라갔으나 그가 예수님에 대해 구원자나 주님, 혹은 관심과 호기심이 많았다고 말하지는 않았다. 성경 본문은 그저 삭개오는 예수가 누구였는지 알고 싶었다고 했을 뿐이다. 잘 모르는 사람에 대해 일반적이고 보편적인 태도이다. 그저 상대방의 성격, 특성, 정체성, 신체적 특징을 알고 싶을 때 '그가 누구지?' '도대체 어떤 사람이야' 하는 정도의 관심을 말한다.

우리에게 잘 알려진 학자나 설교가가 강연한다면 한번쯤 듣고 싶어한다. 비록 그의 저서나 강연을 들어본 적이 없다고 해도 어떤 사람인지, 어떻게 생겼는지, 어떻게 말하는지 궁금할 수 있다. 그에 대해 전적으로 헌신하거나 마음을 준다는 의미와는 다르다. 그의 강연에 대해 관심이 있기도 하고, 그렇지 않을 수도 있다. 그저 어떤 지 궁금한 정도여서, 만일 별 볼 일 없다면 다시 찾지 않거나 저서 역시 읽지 않을지도 모른다.

여러분이 누가복음 독자라면, 1장 마리아의 찬양시에 '부자'

라 불리는 사람들은 존중받지 못한다는 것도, 본문 4절도 삭개오에 대해 그다지 좋은 투로 말하지 않는다는 것을 알 수 있다. 그렇다고 예수를 보려는 그의 동기가 긍정적이었다는 힌트도 없다.

예수가 궁금했던 삭개오는 여리고 사람들이 알아차리지 못하게 은밀히 뽕나무 위에 숨어 예수를 보려고 했을 뿐이다. '환영합니다.'라는 플래카드를 걸려고 나뭇가지에 올라앉은 것도 아니고, 지역 방송 카메라 기자를 의식하면서 열렬히 환호하려고 높이 올라앉은 것도 아니었다. 단지 뽕나무 나뭇가지와 잎사귀 사이에 몸을 숨기고 예수가 지나가는 것을 보려고 했던 삭개오는 이 거리를 지나던 예수님이나 환호하는 군중이 자신의 존재를 눈치채지 못하도록 숨어 있었다.

그런데 아뿔싸, 군중의 행렬이 멈추고, 사람들의 눈동자가 나무 위에 숨어 있던 삭개오에게 집중되었다. 예수께서 가까이 다가오시더니 나무 위를 쳐다보시는 것이 아닌가! 상상하건대 삭개오는 몹시 긴장하여 꿀꺽 침을 삼키고, 얼굴은 화끈거렸을 것이다. 마치 6학년 남자 초등학생이 여학생 탈의실을 들여다보다 걸린 느낌이었다고 할까.

예수께서는 친절하게 그의 집에서 하룻밤을 지내겠다고 말씀하신다. 누가는 삭개오가 나무 위에서 뛰어내려 '즐겁고 기쁘게' 예수를 영접했다고 했지만, 그것이 무엇을 의미하는지 정확하지 않다. 누구에게나 자존심이 있는 법이다. 무안한 표정도 잠시뿐이었고, 내심 '예수가 사람을 알아보는 눈이 있는데!'라는 자만한 태도로 주변 시민들이 보란 듯이 가슴을 쭉 펴고 점잔 빼는 걸음을 걸었을 듯하다.

우리가 다소 냉소적으로 삭개오를 바라본다면, 심지어 본문 8절에서 큰소리로 그가 선언한 것을 기억하면, 가난한 사람들에게 재산의 반을 헌납하고, 착복한 것이 있으면 네 배로 갚겠다는 말 역시 그런 자만한 태도의 연속으로 보인다.

사실 그럴 생각이 있든 없든, 나무 위에 숨어 있던 자신의 체면치레도 해야 해서 어쩔 수 없이 그렇게 선언한 게 아닐까. 요즈음 재벌들이 법망에 걸리면 큰 자선이라도 하듯이 재산의 얼마를 사회에 환원하겠다거나, 노동자와 가난한 사람들을 위해 바치겠다고 하는 식 말이다. 아마 그럴 것이다.

예수님은 큰 소리로 말씀하신다. "구원이 이 집에 왔다!" 어쩐 일인지 예수님의 이 말씀이 우리 고정관념과 인습을 갑자기 바꿀 수밖에 없게 한다. 심지어 그의 삶이 그러한 유산을 받기에 적합하지 않다고 해도 그러한 영적 유산을 받게 되었다고 선언하신다. 삭개오는 부유한 영적 유산을 물려받은 자, 이는 매우 충격적인 발상이고, 받아 삼키기에 어려운 커다란 알약이다. 은혜로 이해하지 않고서는 도무지 이해할 수 없는 충격 그 자체이다.

그가 먼 나라 고대 근동 라스베이거스에서 잃어버린 자, 탕자 중의 하나라고 하더라도 결국 구세주에 의해 발견되고 찾아졌다는 이야기이며, 그에게 놀라운 구원이 주어졌다는 더더욱 충격적인 선언을 예수께서 하신 것이다.

예수의 현존과 임재에 관한 그 무엇이 이 더럽고 추잡한 인간을 바꾸어 놓는단 말인가. 누가복음 19장은 분명한 어조로 삭개오가 삶의 방식을 바꾸기 위해, 외형적 모습을 바꾸기 위해, 혹은 세금 징수 습관을 고치기 위해 나무에 올라간 것이 아니라는 점을 분명히 한다.

삭개오가 이른 아침에 집을 나설 때, '오늘 180도 확 바뀐 사람이 되어야겠다!'라고 작정한 것이 아니다. 단순히 호기심 때문에 거리로 나왔을 뿐이다. '도대체 예수라는 인간이 누구야, 왜 이처럼 아우성치고 호들갑을 떠는 거야.' 정도의 관심이었다.

때때로 호기심이나 궁금증은 내적 공허함과 불안정의 외적 표현이기도 하다. 삭개오의 삶은 누가 봐도 모든 것을 가졌고, 그 자신도 '나는 모든 것을 다 가졌어!'라고 생각했을 것이다. 그 마음으로 여리고 시내를 거들먹거리면서 걸었을 것이고, 사람들이 보겠지 했을 것이다.

이처럼 누군가 자기를 알아보기를 바랐던 어린아이 같았지만, 불안정하거나 불확실한 사람처럼 보이지 않았으며, 엄격한 카리스마와 섬뜩한 눈매가 인상적이었다. 턱을 앞으로 내밀면서 거들먹거리는 그의 걸음걸이는 세상의 모든 것을 다 가진 듯했다. 자, 이것이 그의 외면으로 드러난 전부였다.

삭개오의 내면은 어땠을까. 예수가 뽕나무 가까이 오시기 전까지 멀리 예수가 있는 곳을 쳐다보고 있었을 것이다. 그리고 어떻게 일이 되어 가는지도 궁금했다. 이미 그의 고급 양복은 나뭇가지 위로 올라가다가 한두 군데 엽록소로 물들고, 샌들은 스크래치가 생기고, 손끝을 가볍게 다치기도 했다. 자, 마침내 선생님의 눈을 피해 숨어 있던 초등학생처럼 나뭇가지에 안전하게 걸터앉았다.

정말 가관이었다. 사회적 지위가 있는 사람이 이처럼 어리석고 바보 같은 행동을 하다니. 남몰래 나뭇가지 잎사귀를 헤치며 올라앉은 행위는 유명 인사들에게 필요한 일곱 가지 습관의 하나일 리 없다. 마치 삼성 이재용 회장이 산타클로스 행렬을 보기 위해 광화문 세종문화회관 계단 꼭대기에 올라앉은 것 같은 일이었다. 뽕나뭇가지는 삭개오 같은 사람의 자리가 아니었다!

실제로 나뭇가지에 올라앉아 예수께서 가까이 오기를 기다리는 것은 절박한 사람의 행동이다. 세상에서 모두 다 얻었다고 해도 영혼을 몰수당했다는 것을 자기도 모르게 마음 깊이 아는 사람이어야 가능하다. 로마 제국의 모든 돈과 재화가 손

안에 있다고 해도 만족시키지 못한다는 깊은 갈망이 자리 잡은 사람만이 하는 짓이다.

뽕나무 위의 삭개오는 이미 그 상태였는지 모르겠다. 잠 못 이루는 한밤중에 귀신처럼 그의 영혼을 사로잡았던 '나는 잃어버린 자!'라는 고뇌가 이처럼 밝은 아침에 나뭇가지에 올라앉아서 했던 생각일 수도 있다.

바로 그때 "삭개오!"라고 이름을 부르는 소리가 들려온다. 그러자 어쩐 일인지 그는 알아차린다. 내가 찾은 바 되었구나, 내가 발견되었구나, 잃어버렸던 내가 발견되었구나. 삭개오가 경험한 인생 최고의 날이었다. 그에게 주님이 찾아온 날이었고, 주님을 만난 날이었다. 은혜는 그렇게 그에게 왔다.

그분 덕분에! 그분을 힘입어!

"내게 힘을 주시는 분 안에서 나는 어떤 상황에서도
잘 대처할 수 있을 겁니다."

빌 4:13

지난 수십 년 동안 한국 교회에 유용한 종교 상표들이 있었다. 적극적 사고, 가능성 개발, 기복 신앙, 긍정의 힘, 건강과 번영의 복음 등이다. 이들 중 어느 것은 수입 배급되었고, 어떤 것은 재래종이다. 이들은 '예수 안에서 모든 것을 할 수 있다!'라는 자기 주문(呪文)이 공통점이기도 했다.

사도 바울은 생애 말년에 가택 연금 상태로 로마의 옥에 갇혀 있었다. 그곳에서 과거를 되돌아보게 된 바울은 담담한 심정으로 삶의 여정을 고백한다. "나는 어떤 형편과 처지에서도 자족하는 법을 배웠습니다. 비천하게 살 줄도 알며 풍족하게 살 줄도 압니다. 배부르거나 배고프거나 넉넉하거나 궁핍하거나 그 어떤 경우에도 적응할 수 있는 비결을 알고 있습니다." 바울은 무엇이 삶의 비결이라고 했는가. 자족(自足, content)이었다.

그 자족이 어떻게 가능했을까? 이 질문에 대해 "나에게 능력을 주시는 분에게 힘입어 나는 무슨 일이든지 할 수 있습니다."라고 대답했다. 보다시피 바울이 "나는 무슨 일이든지 할 수 있습니다." "내가 모든 것을 할 수 있습니다."라고 했을 때의 '모든 것'과 '무슨 일'은 분명히 앞에서 말하는 모든 형편과 처지를 가리킨다.

가난하든 잘살든, 건강하든 병들든, 즐거울 때든 슬플 때든, 어떤 형편과 어떤 처지에서도 자족하며 복음을 전파할 수 있었던 것이 그에게 '모든 것'이었다. 모든 역경과 난관과 시련을 넉넉히 이겨 나갈 수 있었던 것은 "나에게 능력을 주시는 분에게 힘입었습니다!"라면서 전적으로 하나님의 은혜라고 고백한다. 말 그대로 난관과 역경을 이겨 나갈 힘과 능력을 주신 분은 하나님이고, 하나님의 은혜였다. 그분 덕분이란 말이다.

그러므로 "나는 무슨 일이든 모든 것을 할 수 있습니다."라는 바울의 고백이 자기 확신이나 자기 긍정을 부추기는 구호나 주문이 절대 아니다. 하나님의 은혜에 대한 숭고한 신앙고백이다.

광폭으로 걸으시는 은혜의 하나님

- 요나와 예수의 비유 -

"너그럽게 나를 좀 참아 주시게, 그러면 갚아주겠네.
그러나 부탁은 매정하게 거부당했습니다."

마 18:29

수억을 빚진 채무자가 있었다. 빚을 갚아야 할 만기일이 다가 오자, 밤잠을 이룰 수 없었고, 조여 오는 스트레스를 감당하기 어려웠다. 만기일 이른 새벽 카톡 소리가 들렸고, 잠에서 깨어난 채무자는 두려운 마음으로 확인하는데, "빚을 안 갚아도 됩니다. 오늘 날짜로 완전 탕감입니다."라는 메시지가 도착해 있었다.

이게 무슨 일인가. 아닌 밤중에 홍두깨 같은 소리가 아닌가? 꿈인가 생시인가? 사실이란 말인가? 도무지 믿을 수 없는 일이었다. 너무나 비현실적인 상황이어서 채무자는 어지러움을 느꼈다. 넋이 나간 상태가 되어 한동안 아무것도 할 수 없었다. 어느 정도 정신이 돌아오자, 그는 채권자에게 연신 "이 은혜는 평생 잊지 않겠습니다."라고 했다.

이 이야기의 채권자가 현실에 존재하지 않는 인물이거나, 아니면 그가 보냈다는 카톡 메시지가 가짜이든지, 둘 중 하나일 것이다. 그런데 둘 다 사실이었다. 이걸 기독교인은 어처구

니없는 은혜, 정신 나간 은혜, 말도 안 되는 은혜라고 한다.

이런 일이 정말 있는가? 아마 몇몇 기독교인은 "어, 어디서 들은 적이 있는데…" "성경에 있는 이야기잖아?" 하며 빙그레 미소 짓는 분들도 있을 것이다. 예수께서 들려주신 '용서할 줄 모르는 하인 비유(Parable of the Unforgiving Servant)'가 그 이야기 이기도 하다(마 18:23~25).

비유는 거기에서 멈추지 않는다. 물론 수억대 빚을 탕감받은 사람은 얼마나 좋았겠는가. 그동안 빚진 몸과 마음이 타들어 가는 듯해서 생지옥 같았는데, 이젠 그럴 필요가 없다. 그런데 그때 불현듯 친척에게 빌려준 5백만 원이 생각났다. 그는 채무자인 친척에게 바로 문자를 보낸다. 이제 빚진 돈을 돌려 달라고.

그가 그랬듯이 친척 역시 빚을 품고 살면서 얼마나 조마조마했을까. 사정이 나아지면 갚겠다고 애원했으나, 결국 아랑곳하지 않고 떼인 돈 받아 주는 사채업자, 그것도 조폭에게 넘기겠다고 공갈 협박까지 하고 말았다. 정말 나쁜 놈, 뻔뻔한 인간이었다. 나무다리를 건너더니, 그 다리 목재를 훔쳐 간(過河坼橋, 과하탁교) 놈과 다를 바 없는 배은망덕한 인간이었다. '검은 머리 짐승은 거두는 게 아니다.'라고 한 속담이 전해지는 이유일 것이다. '물에 빠진 사람 건져 주었더니 보따리 내놓으라.'라고 하는 격이다.

예수께서 들려준 모든 비유는 '하나님 나라'를 조명하고 있다. 하나님이 다스리는 나라는 어떤 나라인지, 어떤 시스템으로 움직여 가는 나라인지를 가리키는 이야기가 예수의 비유이다. 한마디로 '은혜의 나라'이다. 은혜가 지배하는 나라, 은혜가 최상의 가치인 나라. 따라서 예수가 들려주신 용서하지 못하는 하인의 비유는 하나님의 나라에서 은혜와 용서 사이의 함수 관계를 가르치는 하늘나라 방정식이다.

'죄(sin, transgression)'와 '빚(debt)'을 같은 의미로 사용한다. 사람이 하나님께 죄를 짓는다는 것은 그가 설정한 경계선을 침범한다는 뜻이고, 하나님은 반드시 그러한 도전(죄)에 대해 갚을 것이다. '갚는다(repay)'라는 말은 빚진 게 있다는 것을 전제로 한다. 이렇게 죄와 빚은 동의어이며, 기독교에선 갚아야 할 빚, 대가를 치러야 할 죄를 아무런 이유 없이 일방적으로 탕감하거나 사면할 때 '은혜'라고 한다. 값없이 주어진 하나님의 은혜 말이다.

은혜를 받았으면, 그것도 한량없는 은혜, 갚을 길 없는 은혜를 받았다면, 주제 파악을 해야 하는 것 아닌가? 자신이 도무지 은혜받을 길 없던 처지였다는 사실을 기억해야 하지 않는가? 영원한 채무자 신세, 파산 선고받은 신용 불량자, 회생 불가능한 폐인이었다는 사실 말이다.

이런 인식을 잊지 않고 반복해서 떠올린다면 그의 인간관은 급격하게 바뀔 것이다. 모든 사람이 다 죄인이고, 빚진 자였으나 하나님의 일방적인 사면 선언과 절대적 빚 탕감 선언 때문에 새로운 삶, 새로운 인생을 살게 되었다면 마음의 짐을 가지게 된다.

마음의 짐은 은혜에 대한 자연스러운 반응이다. 그에겐 세상에 '괜찮은 죄인'은 없고, 오로지 '몹쓸 죄인'만 있을 뿐이다. 순백의 은혜, 온전한 은혜는 몹쓸 죄인에게만 작동하기 때문이다. 아쉽게도 예수님 당시 바리새인은 스스로 괜찮은 죄인이라 생각했듯이, 요즘 교회의 많은 그리스도인은 이처럼 괜찮은 죄인이라 생각한다. 예수의 비유에 나오는 '용서하지 못하는 하인' 같기만 하다.

신약의 바리새인과 서기관, 예수의 용서하지 못하는 하인과 아주 비슷한 유형의 사람 하나를 구약에서 소개하고 있다. 요나서의 바로 '요놈의 나' 같은 요나라는 분인데, 명색이 하나님의 종, 하나님의 하인, 하나님의 선지자이다. 그는 하나님의 은혜로 구원(구출)받은 죄인이었으나 이방 죄인들(니느웨)도 하나님의 긍휼과 은혜의 수혜자가 될 수 있다는 점을 받아들일 수 없었다. 자신의 목숨도 그가 받았던 긍휼과 은혜에 한없는 빚을 졌는데도 말이다.

이런 점에서 요나는 정말 싹수없는 진상 예언자의 대표 인물이었다. 요나 이야기는 하나님의 '언약적 사랑(헤세드)'을 비유하며, 민족주의의 경계를 넘어 땅끝까지 이르게 된다는 '복음의 보편성'을 강력하게 증언하는 메시지이다. 그리스도 안에는 자유인이나 종이나, 남자나 여자나, 유대인이나 이방인이나 구별이 없다. 광폭으로 걸으시는 하나님을 어찌 뱁새 같은 인간의 걸음으로 따라갈 수 있겠는가.

요나 이야기는 예수님의 용서하지 못하는 하인 비유에서 깊숙이 되울리고(反響) 있다. 하나님의 위대한 긍휼과 끝없는 은혜에 관한 비유 이야기로 읽어야 할 충분한 이유인 것이다. 아마 누가복음 15장의 '탕자 비유(혹은 기다리는 아버지 비유)' 역시 요나 이야기와 병행적으로 이해해도 좋다.

오늘의 결론

1. 똥 묻은 개가 겨 묻은 개를 나무란다.
2. 주제 파악하지 못하는 그리스도인들이 의외로 많다.
3. 성경을 제대로 이해하지 못하기 때문일 수도 있다.
4. 성경에서 '죄'와 '빚'은 같은 실체를 가리킨다.
5. 요나 이야기는 예수의 비유들과 평행을 이룬다.
6. 성경은 '괜찮은 죄인'에 관해 아는 바가 없다. 괜찮은 죄인은 가짜 죄인이다.
7. 성경은 오로지 '몹쓸 죄인'만 알고 있다. 몹쓸 죄인이 진짜 죄인이다.
8. 예수의 비유는 하나님 나라 비유다.
9. 하나님의 은혜는 인종과 국경과 교단과 교파와 성별과 신분을 넘어선다.

은혜, 믿음, 구원

"여러분은 믿음을 통하여 은혜로 구원을 얻었습니다.
이것은 여러분에게서 난 것이 아니요, 하나님의 선물입니다."

엡 2:8

16세기 종교개혁운동 기념 주일을 앞두고, 종교개혁운동 정신과 신학을 대표하는 성경 구절을 찾았다. 큰 고민 없이 떠오르는 말씀은 에베소서 2장 4절부터 10절, 한 절을 뽑는다면 단연 에베소서 2장 8절이었다. 한글 성경 두 버전을 소개하는데, 어느 번역이 이해하기 좋을까? 차근차근 읽어 보면 금방 알 수 있다.

"너희는 그 은혜에 의하여 믿음으로 말미암아 구원을 받았으니 이것은 너희에게서 난 것이 아니요 하나님의 선물이라."
(개역개정)

"여러분은 믿음을 통하여 은혜로 구원을 얻었습니다. 이것은 여러분에게서 난 것이 아니요, 하나님의 선물입니다." (새번역)

이 감동적인 구절에서 핵심 단어 셋이 확 들어온다. 은혜, 믿음, 구원이다. 세 단어를 간단히 설명하면, 구원은 하나님께서 은혜로 주신 선물이고, 구원의 주체는 하나님이시고, 하나님이 은혜로 베푸셨기 때문에 구원을 얻게 되었다는 말이다. 자연스레 '오직 은혜'라고 고백하게 된다. 죄와 허물로 죽은 인간은 구원을 받기 위해 무엇 하나 한 일이 없다는 말이기도 하다. 죽은 자가 할 수 있는 게 없지 않는가. 우리는 하나님의 은혜로 구원을 받는다.

믿음은 무슨 역할을 하는가? 믿음으로 구원받는다고 하지는 않는다! 정확하게 '믿음으로'가 아니라 '믿음을 통하여'이며, 믿음을 통하여 하나님의 은혜로 구원을 받는다고 해야 한다. 하나님의 은혜로 인해 구원을 받는 것이지, 믿음으로 구원받을 수는 없다.

그렇다면 믿음은 우리의 구원에서 어떤 역할을 하는가? 믿음은 하나님의 은혜를 받는 도구이고, 믿음은 하나님의 구원에 이르게 하는 그 무엇이 아니다. 하나님의 구원에 이르게 하는 것은 하나님의 은혜이다. 믿음은 구원에 이르게 하는 하나님의 은혜를 받아들이고(수납), 그 은혜 안에 거하여 안식을 누리게 한다. 믿음은 그 자체로 무엇을 만들고 세우고 건설하는 에너지가 없다. 믿음은 전적으로 어떤 것에 의존할 뿐이다.

그리스도에 기대고 의존하는 것으로, 한국 교회에 편만한 믿음 만능주의는 헛된 생각이다. 자체 에너지가 없는 믿음을 열정이라고 한다면 단추를 잘못 낀 상태이다. 자체 에너지가 없어서 기대고 의지하고 의존하는 것뿐인데, 누구에게 무엇을 할 수 있는가? 그리스도를 전적으로 의지하고 그리스도께 전적으로 기대는 것이 믿음이다.

그리스도를 의지한다면 자신을 의지하지 않고, 믿음은 온전히 자신을 내려놓고 포기하게 한다. 이런 믿음이라면 결코 자기 자랑을 할 수 없고, 자랑하지 않는다. 믿음은 인간의 모든 자랑질을 죽이게 한다. 이것이 "하나님의 선물을 받게 된 것은 여러분의 행위에서 난 것이 아닙니다. 그러므로 아무도 자랑할 수 없습니다."(9절)의 뜻이다.

끝으로 문법에 관한 내용이다. 8절은 "여러분은 믿음을 통하여 은혜로 구원을 얻었습니다. 이것은 여러분에게서 난 것이 아니요, 하나님의 선물입니다."라고 했다. 여기서 '이것'은 무엇을 말하는가? 지시대명사 '이것'은 문법상 앞의 세 단어와 관계가 있다. 달리 질문하면, 무엇이 하나님의 선물이라는 말인가? 세 가지 가능성이 있다. 은혜는 하나님의 선물이고, 믿음은 하나님의 선물이고, 구원은 하나님의 선물이다. 이 셋 중 하나를 고르라면 쉽지 않다. 모두 옳은 말이기 때문이다.

그런데 에베소서 2장 8절의 '이것'은 헬라어로 중성대명사이고, '구원' '은혜' '믿음'은 모두 여성명사라는 점이 흥미롭다. 따라서 중성대명사 '이것'은 8절 앞부분 전체("여러분은 믿음을 통하여 은혜로 구원을 얻었습니다.")를 포괄해서 보면 안전하고 합리적이다. "여러분은 믿음을 통하여 은혜로 구원을 얻었습니다."라는 선언이 하나님의 선물이라고 풀이된다.

하나님께서 그의 아들의 능동적/수동적 순종을 통해 '값비싸게 이루신 구원(구속, 救贖)'을 값없이(은혜) 선물로 주셨다. 심지어 그 구원이라는 공짜(은혜) 선물을 받을 수 있는 도구(믿음)를 공짜로 주셨다는 이야기이다. 이 놀라운 구속의 진리를 알려 주고 믿어지게 하고 고마운 마음이 일어나도록 하는 분은 성령이시다.

이렇게 인류 구원 사역은 삼위일체(성부, 성자, 성령) 하나님의 구원 경륜에서 시작되었다. 이제 우리의 반응은 그분의 장대한 구원 경륜을 소리 높여 송축해야 한다. 이것이 예배의 시작점이다. 종교개혁 기념 주일에 다시 신앙의 핵심을 다져 본다. 두 문장으로 요약하면 이러하다.

"은혜로 구원받은 것입니다."

"은혜로 살아가는 것입니다."

잊지 말아 줘요, 기억해 줘요

"당신이 젊은 시절에 얼마나 내게 신실하였는지,
신혼 시절에 얼마나 나를 사랑하였는지, 저 광야에서, 씨를 뿌리지 못하는
저 땅에서, 당신이 어떻게 나를 따랐는지, 내가 잘 기억하고 있소."
렘 2:2

누군가를 애타게 사랑했는데 말없이 떠났다면? 기다려도 돌아오지 않는 그 사랑 때문에 긴 밤을 지새웠다면? 창밖에 땅거미가 짙게 깔리고 텅 빈 집 안이 비애로 저미어 갈 때, 홀로 남겨진 이는 빛바랜 사진첩을 꺼낸다. 풋풋한 사랑을 나누었던 시절, 힘들고 어려워도 행복했던 순간이 주마등처럼 스친다.

누런 흑백사진 몇 장을 눈 빠지게 들여다보다 보면 그저 뿌옇게 그의 망막을 가리는 옛이야기가 된다. 어느새 눈가에 촉촉하게 이슬이 맺힌다. 돌아오려나? 지금 저 어두운 하늘 밑 어디에서 무엇을 하나? 밥은 챙겨 먹나? 방 안팎에 스민 그녀의 체취에 코끝이 찡하다.

남겨진 이의 슬픔을 기억이나 할까? 어쩌다 이 지경이 되었을까? 한동안 자책해도 딱히 떠오르는 장면이 없다. 실패한 사랑? 거절당한 헌신이란 말인가. 혼란스럽다. 심혈을 기울여 일궈 낸 사랑이 물거품처럼 사라지다니. 분노가 온도를 스멀스멀 높이고, 측은지심이 분노를 살포시 덮는다. 움푹 파인 길바닥

에 떨군 눈물은 달빛에 반사되어 무지개처럼 아련하기만 하다.

애끓는 사랑, 하늘에 사무치는 그리움, 포기할 수 없는 연정, 비련의 추억 등 이런 격정적 페이소스(pathos)를 지닌 놀라운 분이 있다. 구약 예언자 중 이런 삶을 살아간 예레미야가 그려 낸 여호와 하나님이시다. 아니 예레미야의 입을 통해 여호와 하나님은 배신한 이스라엘을 향해 애끓는 심경을 말씀한 적이 있다. 단 한 문장이면 족하다.

나 여호와가 하는 말이다.
씨 뿌리지 못하는 땅,
광야에서 나를 따르던 시절,
젊은 날의 네 순정,
약혼 시절의 네 사랑을 잊을 수 없구나. (렘 2:2)

떠나 버린 사랑을 향한 그리움과 애틋함을 노래한 미국 컨트리 음악이 있다. 1970년에 발표한 곡으로, 애절한 가사가 심금을 울리는 명곡이다. 이 노래는 실패한 사랑에 마음을 진정할 수 없어 괴로워하는 한 남자의 눈물 어린 탄식을 표현한 낭만적 컨트리 감성곡이다. 떠난 임을 그리워하며 '기억하는 걸 잊지 말아 주세요.' '잊지 말고 기억해 주세요!'라며 간곡하게 부탁한다.

성경에서 '기억'은 중요한 신학적 용어다. 추억, 기념, 기억, 추모, 생각, 회상, 회고 등과 유사한 의미를 지닌다. 기억은 언제나 이야기 안에서 작동한다. 기억은 부모 이야기, 가정 이야기, 교회 이야기, 국가 이야기를 끄집어내는 갈고리 같고, 기억은 길어 올릴 것이 많은 깊은 우물의 두레박이다. 또한 기억은 돌아가고 싶은 고향 집의 대문이다. 추억하고 기념하고 회상하고 울고 웃는다. 벽에 걸린 사진들을 어루만지고 쓰다듬고, 그리워하며 목이 멘다.

예레미아 2장 2절에는 하나님의 사랑앓이가 깊게 저며 있다. 훌쩍 떠나 버린 여인 이스라엘에 애달픈 심정으로 '제발 잊지 말고 나를 기억해 줘!'라고 호소하는 어느 남자의 목소리 안에 하나님의 목소리가 겹친다. 하나님의 페이소스다.

전설적인 음악인이며 형제인 베리 깁스(Barry Gibb)와 마우리스 언스트 깁스(Maurice Ernest Gibb)가 작곡 작사하고 보컬 음악가 비지스(Bee Gees)가 부른 노래(Don't Forget to Remember)를 한국어로 소개한다. 예레미아 이야기를 함께 상상하면 좋으리라.

잊지 말고 꼭 기억해 줘요!

그대가 내 곁을 떠났다는 걸 나는 믿을 수가 없어요.
그게 사실이라고 계속 저 자신에게 말하고 있어요.

내 사랑이여, 그대가 원하는 것은 무엇이든 해낼 수 있지만
하지만 그대만은 잊어버릴 수가 없어요.

잊지 말고 나를 기억해 줘요.
그리고 우리가 한때 나눴던 사랑도요.
지금도 변함없이 그대를 기억하고 있어요, 당신을 사랑해요.

내 가슴에는 저 위에 별들에 들려줄 추억이 남아 있어요.
잊지 말고 나를 기억해 줘요. 내 사랑이여.

벽에는 그대의 사진들이 걸려 있어요. 내 여인이여.
어떻게든 그대를 잊으려 애를 써보지만
그대는 내 영혼의 거울이죠.
그러니 나를 이 수렁에서 구해 주세요.
이제 내가 삶을 다시 살아갈 수 있도록 해 주세요.

잊지 말고 나를 기억해 줘요.
그리고 우리가 한때 나눴던 사랑도요.
나는 여전히 그대를 기억하고 있어요, 당신을 사랑해요.
내 가슴에는 저 위에 별들에 들려줄 추억들이 남아 있어요.
잊지 말고 나를 기억해 줘요. 내 사랑이여.

빛바랜 사진첩을 매만지며 사랑하는 여인 이스라엘을 그리워하는 여호와 하나님의 그렁그렁한 목소리를 다시 듣는다.

씨 뿌리지 못하는 땅
광야에서 나를 따르던 시절
젊은 날의 네 순정
약혼 시절의 네 사랑을 잊을 수 없구나. (렘 2:2)

라떼를 마시며

"씨 뿌리지 못하는 땅, 광야에서 나를 따르던 시절,
젊은 날의 네 순정, 약혼 시절의 네 사랑을 잊을 수 없구나."

렘 2:2

[신혼 시절]

"여보, 당신이 토스트와 커피를 준비하면, 나는 당신을 위해
아침 식사를 차릴게요."

갓 결혼한 아내가 상냥하게 말하자 새내기 남편이 묻는다.

"아주 좋아, 고마워. 그런데 아침 식사는 뭐야?"

"토스트와 커피요!"

[세월이 흘러]

떠나 버린 아내를 그리워하며 중년 신사가 카페라떼를 마시
며 혼자 중얼거린다.

여보, 당신이 떠난 자리가 왜 이리 휑한 거요. 신혼 시절 사
진첩을 들여다보며 당신을 떠올려요. 푸릇푸릇한 연애 시절,
나 하나 보고 결혼한 당신, 우린 단칸방에서도 행복을 찾았지
요. 비가 세차게 오던 밤, 빗물이 천장에서 뚝뚝 떨어지면 팔 걷
어붙이고 얼른 양동이를 받치며 씽긋 미소 짓던 당신. 가진 것

별로 없어도 나를 믿고, 나는 당신을 사랑했지요. 씨 뿌릴 수 없는 황무지에 살았어도 나만 믿고 따라온 시절이었소.

이른 아침 잠자리에 곤히 잠들어 있을 때 당신을 위해 토스트와 커피를 준비하고, 당신을 깨웠죠. 커피와 토스트를 들라고. 그러면 눈 비비며 일어난 당신이 놀라운 듯 "오오, 여보, 이게 뭐예요?"라고 부엌을 향해 말했죠. 그런 당신의 미소는 매우 아름다웠소.

그때 이미 알고 있었어요. 당신의 그 말 "이게 뭐예요?"가 히브리어로 '만나(what is it!)'인 것을. 그 질문은 궁금해서가 아니라 놀람과 감탄과 고마움의 반응이라는 것을.

이제 나 홀로 카페에서 라떼를 마시다니. 여보, 화나요. 무슨 잘못을 했다고 그리 먼저 떠났는지. 내가 바람 피운 적이 있나요? 술고래가 되어 횡설수설하지도 않았어요. 손찌검을 했나요? 어떤 불의한 행동을 하기라도 했단 말인가요. 생각할수록 화가 치밀어요. 내 솔직한 심정이에요. (잠시 침묵이 흐르고).

여보, 지금 당신은 어디에 있나요? 비를 가릴 형편이 되는지 혹시 과거가 당신 발목을 잡고 있지는 않은지요? 괜찮아요, 다 잊을게요. 그저 돌아와요. 내가 당신을 얼마나 사랑하는데.

이스라엘, 그리고 광야에서 '남편'으로 비유되는 하나님의 마음이다. 하나님께서 예언자 예레미야에게 명령하시는 말씀이다. "너는 가서 예루살렘 사람들이 들을 수 있게 외쳐라. 나, 주가 말한다. 네가 젊은 시절에 얼마나 나에게 성실하였는지, 네가 신부 시절에 얼마나 나를 사랑하였는지, 저 광야에서, 씨를 뿌리지 못하는 저 땅에서, 네가 어떻게 나를 따랐는지, 내가 잘 기억하고 있다."

상처 입은 남편 하나님은 떠나 버린 아내 이스라엘을 향해 애끓는 마음으로 돌아오라고 간청한다. 예레미야서에 '돌아오다' '돌아가다'는 뜻의 히브리어 '슈브'가 가장 많이 등장하는 단어라는 사실은 우연이 아니다. 그러므로 사랑하는 형제자매여, 주님의 날엔 주께로 슈브하자. 유턴하자. 그리고 이 찬송을 부르자.

> 예수가 우리를 부르는 소리 그 음성 부드러워
> 문 앞에 나와서 사면을 보며 우리를 기다리네.
> 오라, 오라 방황치 말고 오라.
> 죄 있는 자들아 이리로 오라 주 예수 앞에 오라. (찬송가 528장)

참고로, 히브리어 '슈브' 연구(The Root Sûḇh in the Old Testament: With Particular Reference to Its Usages in Covenantal Contexts) 학자, 네덜란드 라이든 대학에서 박사학위를 받은 윌리엄 할러데이(William Holladay)가 있다. 히브리어 사전(A Concise Hebrew and Aramaic Lexicon of the Old Testament: Based upon the Lexical Work of Ludwig Koehler and Walter Baumgartner. English, Hebrew and Aramaic Edition)을 편찬했고, 저명한 헤르메니아 주석 시리즈에 『예레미야 주석 I, II』를 쓴 것 역시 우연이 아니다. 결혼이 언약 관계로 들어가는 예식이듯이, 세례 역시 하나님과의 언약 관계로 들어가는 소중한 예식이다.

삼위일체 하나님을 송축합니다

"때가 차면 자신의 계획을 이루시는 하나님. 그 계획은 그리스도를
머리로 하여 모든 것들을 그리스도 안에서 하나로 합치시는 것입니다."

엡 1:10

편지는 상호적이어서 수신자의 질문에 관한 대답이거나, 수
신자가 마주한 여러 문제에 관한 지시나 처방, 대안을 전한다.
그런데 바울의 다른 서신들과는 달리 에베소서의 시작은 특이
하다. 삼위일체 하나님의 장대한 구원 경륜(계획)을 송축하는
것으로 시작하기 때문이다.

성부 하나님, 성자 하나님, 성령 하나님이 함께 모여 엉망진
창이 되고 더럽혀지고 일그러지고 깨어지고 왜곡된 세상, 그분
들이 그토록 질서 있고 아름답게 만든 '선한 세상(good creation)'
이 무질서, 혼돈과 소요, 미움과 분열, 다툼과 갈등으로 형편없
는 '추한 세상(ugly creation)'이 된 것을 안타깝게 여기시고, 어떻
게 하면 그 세상을 새롭게 할까 의논하셨다.

이것을 삼위일체 하나님의 '구원 경륜(economy of salvation)'이
라 한다. "송축(頌祝)하리로다."로 시작하는 3절부터 10절은 놀
랍게도 헬라어로는 한 문장이다! 숨이 넘어갈 정도로 긴 호흡
으로 하나님의 구원 계획에 관해 노래하고 있다.

삼위일체 하나님의 원탁회의

어쨌든 사도 바울이 에베소 교회에서 그들이 마주한 구체적인 갖가지 문제에 대답하기 전에 삼위일체 하나님의 구원 경륜에 대해 길게 말했다는 것이 놀랍다. 그저 말했다고 하기보다 '송축'했다!

송축한 내용이 정말 놀랍기만 하다. 삼위일체이신 하나님의 구원 계획, 회복 프로젝트의 크기와 너비와 높이와 길이가 어마어마하게 장대했다. 영원에서 시작하여 시간 속으로 들어온다고 하였다. 여러분의 상상력을 동원하여 세 분이 둥근 책상에 둘러앉아 논의하는 장면을 떠올려 보라. 거기에는 성부께서 계획한 의제가 있었다. 에베소의 그리스도인을 포함하여 역사상 존재하는 모든 하나님의 자녀들을 죄와 죽음의 사슬에서 풀어 건져 내시겠다는 계획이었다.

그들은 영원부터 하나님이 점찍어 자녀 삼기(입양)로 선택한 자들이다. 왜 '그들만인지'는 하나님만 아신다. 그분의 자유로운 주권적 결정이기 때문이다. 이런 구원 계획을 말씀하시자, 성자는 그 의견에 절대적으로 동의하실 뿐 아니라 자발적으로 그 일을 수행하겠다고 하신다. 구원을 위해 들어가는 비용, 그것이 생명을 내어 주는 죽음이라도 자신이 내겠다(구속, 救贖)는 결심을 표현한다. 그렇게 해서 죄와 죽음의 권세로부터 다시 사 온(구속의 뜻) 자들에게 "당신들은 구출받은 겁니다."라는 구원의 확신을 주는 분이 성령이시다. 이제 완벽한 삼위일체 하나님의 이사회 모임이 그려지지 않는가.

그리스도인의 정체성

사도 바울은 삼위일체 하나님의 구원 경륜을 이처럼 웅장하게 노래하면서 하나님께 기도드린다. "하나님, 하나님의 장대한 구원 경륜을 이해하고 바라볼 수 있는 마음의 눈을 밝혀 주세요." 이처럼 지성이나 이성이 아니라, '마음의 눈'으로 보고 경탄하고 감격하고 숨죽여 감사하게 해 달라고 기도해야 한다.

무엇을 바라야 하는가? 구원의 경륜이다. 더 구체적으로 '예수 그리스도 안'에서, '예수 그리스도를 통해서' 일어나는 구원의 계획이다. 사도 바울은 1장 3절부터 14절에서 '그리스도 안(in Christ)'이라는 표현을 아홉 번 사용한다. 열두 절 안에 아홉 번! 흠, 빈도만 따져도 얼마나 중요한 문구인지 알 수 있다. 에베소의 그리스도인들과 21세기의 여러분은 함께 그리스도 안에 있는 하나님의 입양된 자녀라는 말이다.

'그리스도 안에' 있는 나와 여러분, 이것이 우리의 정체성이다! 누군가 "당신은 누구십니까?"라고 하면, 확고하고 분명히 "나는, 우리는, 그리스도 안에 있는 하나님의 자녀입니다!"라고 대답해야 한다.

집으로 가는 길

사도 바울이 에베소서 1장에 하나님의 구원 경륜에 대해 길고 자세하게 말하는 이유가 분명해졌다. 우리가 누구인지, 정체성(그리스도 안에)을 분명히 하면, 혼란스러운 세상에서 흔들리지 않고 집까지 잘 걸어갈 수 있다. 집까지! 하늘 아버지의 집, 거기까지 갈 때까지, 아니 집에 다 도착할 즈음 우리의 귀향(귀가)을 기다리셨던 성부 아버지께서 두 팔 벌려 우리를 영접하신다.

초기 기독교 교부 이레니우스(AD 130~202)는 이 광경을 감동적으로 묘사하고 있다. 성부의 두 팔은 성자와 성령을 가리킨다고! 성자와 성령의 두 팔로 우리를 감싸 집 안으로 들어오게 하신다고. 삼위일체의 구원 경륜을 이보다 더 멋지고 감동적으로 설명할 수 있을까. 여기서 누가복음 15장을 떠올린다면 복 받을 사람이다.

그날이 오기를 소망한다. 우리를 그리스도 안에 입양하시고, 성령을 통해 입양의 확신을 심어 주신 성부께서 성자와 성령의 두 팔로 포옹하시고 "수고했어. 집에 온 것을 환영해. 어서 집으로 들어가자! 집에 큰 잔치를 베풀었으니 함께 기뻐하고 즐거워하자!"라고 하실 그날을 간절히 소망한다.

한 방울씩 떨어지는 은혜

"예수께서 다시 그의 눈에 손을 대시자 눈이 밝아지고 완전히 성해져서
모든 것을 똑똑히 보게 되었습니다."

막 8:25

은혜가 한 방울씩 한 영혼의 침실로 흘러 들어가기 시작한
다. 한 방울씩 떨어지는 은혜! 한 방울씩 흘러 들어가는 은혜!
이것이 우리가 하나님의 은혜를 경험하는 방식이다. 우리에 대
한 모든 것을 천천히 바꾸어 놓는 은혜이며, 우리가 이전에 분
명하게 보지 못했던 것을 서서히 보게 하는 은혜이다.

하나님의 은혜는 점진적으로 조금씩 한 방울씩 깨어진 삶들
과 상처 입은 마음 안으로 흘러 들어온다. 가랑비에 옷 젖듯이
그렇게 예수님과 우리들을 새롭게, 이전과는 다르게 볼 수 있
게 된다. 영적 개안(開眼)이 일어나는 순간이다.

사막에 시내가 흐르리라

"메마른 산에 개울물이 흐르고 골짜기에서 샘이 터지리라.
마른 땅에서 물이 솟아 나와 사막을 늪으로 만들리라."

사 41:18

사막에 길을 내는 주님은 사막에서 오아시스를 만나게 하신다. 우리의 수원(水源)이 되며, 그분 안에 샘과 우물이 있고, 줄지도 마르지도 않는 시내가 있다. 가난하고 빈궁한 이들에게 하늘 아버지는 자비의 근원이시고, 그 은혜의 샘이 끊기는 일이 결코 없다. 어떤 더위와 가뭄도 하나님이 준비하신 강과 시내를 마르게 할 수는 없다.

일찍이 가 본 적이 없던 길, 사막의 길을 가신 예수님. 우리는 전혀 알지 못하나 몸으로 겪으셔서 훤히 아신다. 거친 숨 몰아쉬는 가파른 비탈이나 돌투성이 길, 그늘 한 점 없는 열사(熱沙)의 길, 기세등등한 바람 등 이 모든 역경을 우리보다 앞서 겪으며 길을 내셨다. 그가 곧 길이요 진실이요 생명이시다. 생명의 물을 흐르게 하셔서, 생수의 물이 강이 되고 시내가 되어 사막을 가로지르며 흐른다.

그분과 함께 사막과 광야를 지나가는 제2의 출애굽 길은 결코 외롭거나 고단한 일만은 아니다. 매 순간 적절할 때 광야에

식탁을 배설하고 생수를 넉넉하게 제공하실 것이다. 그때 하나님이 진정 참 하나님이시며, 이 놀라운 것을 계획하고 손수 만드신 이스라엘의 거룩하신 분임을 알게 된다. 하나님의 하나님 되심을 만인이 인정하게 될 것이다.

이스라엘의 구원은 이 목적이다. 이스라엘의 구원을 통하여 만국과 열방은 하나님이 온 세상의 통치자이며 역사의 주권자이심을 알게 된다는 것이다. 우리는 하나님이 미래를 기획하시고 역사를 이끌어 가는 주관자이심을 믿는다. 사막에 시내가 흐르는 날이 다시 오고, 수고하고 무거운 짐을 진 자들에게 다 내게로 오라 하신 그분이 다시 오실 것이다. 그때 구속받은 자들이 사막에 난 '거룩한 길'을 지나 천성으로 향하게 된다. 환상은 현실을 넉넉하게 극복하게 하고, 희망은 오늘을 이겨 나가는 힘이다. 그분에게 소망을 두자.

PART 2

예수
그리스도를
따라

만남의 장소

"말씀이 사람이 되어 우리 가운데 거주하셨습니다."
요 1:14

바쁘게 지내는 가운데 잠시 틈을 내어 흰 눈 덮인 산천 초야를 둘러보는 시간을 가졌다. 양평 양수리(兩水里)의 우리말은 '두물머리'이다. 남한강의 물과 북한강의 물이 만나는 지점이라는 뜻이지만, 남한강과 북한강이 머리를 맞대고 만나는 곳이니 양수리(兩首理)라고 해도 될 것이다. 어쨌든 남과 북이 함께 만나는 '만남의 장소'라고 생각만 해도 가슴이 저려 온다.

고속도로나 지하철에는 '만남의 장소'가 있다. 사람마다 누군가를 만나는 마음은 각기 다를 것이다. 우연히 길에서 빚쟁이를 만나기도 하고, 다시는 보지 않으리라 했던 원수 같은 사람을 만나기도 한다. 기억에서 사라진 옛 애인이나 소식이 끊긴 죽마고우를 만나거나, 아니면 북에 두고 온 가족을 어렵사리 만난 할아버지도 있었다.

만남의 장소, 하기야 하늘과 땅이 만나기를 간절히 바라는 그리스도인들도 많다. 예수께서 제자들에게 가르치신 기도의 핵심이기도 하다. '하늘에서처럼 땅에서도!' 하늘과 땅이 조우하기를 기도하라던 그분이 어느 날 그 자신이 '만남의 장소'가 되었다. 전대미문의 천지개벽 같은 소리였다. 그 예수가 신과 인간이 만나는 장소라니. 어찌 보면 마리아의 태는 신과 인간의 만남의 장소가 아닌가.

이미 구약 앞부분에 신이 사람을 만나겠다는 내용이 있다. 그곳은 이름하여 '회막(會幕)'이다. 성막이라고도 불리는 만남의 텐트, 만남의 천막, 만남의 장소(Tent of Meeting)이다. 히브리어는 '오헬 모에드'인데 하나님과 모세, 하나님과 이스라엘이 만나는 장소를 회막이라 불렀다(예, 출 27:22; 33:7).

겨울날 조용한 카페에서 사연이 없는 노사연이 불러 유명해진 〈만남〉을 흥얼거린다. "우리 만남은 우연이 아니야~" 아무리 생각해도 이 노랫말보다 더 개혁신학적 선언이 어디 있는가. 우연의 반대는 필연이라고 하는 사람도 있지만, 오답! 우리 만남은 우연이 아니라고 하면 무엇이란 말인가. 성경의 소리에 귀 기울이며 진지하게 신앙생활을 한 사람들이라면 "우리 만남은 하나님의 섭리에요!"라고 할 것이다.

하늘의 하나님이 땅의 사람을 만나려고 작정하시고 '참신이시며 참사람이신'(니케아 신조 중에서) 예수 그리스도를 만남의 장소로 사용하신 사건을 '성육신'이라 했다. 세상의 수많은 만남

가운데 하나님과 사람의 만남처럼 기상천외하고 믿어지지 않은 만남이 어디 있을까? 더구나 그 만남의 장소가 예수 그리스도라니. 누구든지 나를 통하지 않고는 하나님께로 갈 자가 없다고 단언하신 분, 그래서 그분은 우리의 회막이며 위대한 만남의 장소(meeting place)이시다.

오늘은 대한(大寒)이다. 영하 추위에 차갑지만 바삭바삭하고 산뜻하다. 아내와 함께 바람 쐬러 나갔다가 양평의 한 카페에 들렀다. 브런치를 주문했는데 직원이 아파 못 나왔다며 좀 늦더라도 양해해 달라는 카페 주인장의 말이 정겹다. 내려다본 창밖 호수에 덮인 흰 눈은 마음마저 따스하게 덮어 주는 듯하다.

주인장이 늦어서 미안하다고 손수 들고 온 브런치가 일품이다. 바삭바삭하고 맛 좋게 달콤한 바게트를 덤으로 내려놓는다. 마음도 몸도 가벼운 하루, 망중한(忙中閑)이 아닌가. 카페가 따스한 만남의 장소가 되고, 흰 눈 덮인 작은 강을 내려다보며 하늘과 땅이 저만치 손잡고 만나는 환상이 흘끗 보인다.

소동하는 예루살렘

"헤롯 왕과 온 예루살렘이 듣고 소동하였습니다."

마 2:3

한 인생에 예수가 오신다면 어떤 일이 일어나는가? 우리 사회에 예수가 오신다면 무슨 일이 일어나겠는가? 글쎄, 별로 생각하지 않았던 질문일 것이다. 오신다 해도 무슨 대수로운 일이며 누가 알아차리기라도 할까? 하기야 예수가 2천 년 전 팔레스타인의 작은 마을에 왔을 때도 누구 하나 알아차리는 사람이 없었다.

이른바 크리스마스 날에 태어난 갓난아이가 어디 아기 예수뿐인가? 당시 대로마 제국 속주인 유대에 유대인 아기 하나 출생이 대수로울 리 없었다. 알다시피 로마의 위대한 역사가들 누구도 예수 탄생 기사를 문헌에 남기지 않았으며, 예수의 제자 마태와 누가만이 예수 출생을 기록했을 뿐이다.

우리에게 예수 출생 사실은 마태복음과 누가복음이 유일한 통로이다. 마태는 동방 점성가들 이야기 안에, 누가는 베들레헴 지역 목자들 이야기 안에 예수 출생 사실을 담았다. 유대인 마태는 이방인 동방 점성가들 이야기를 들려주고, 이방인 누가는 유대인 목자들 이야기를 들려준다. 참 신기하다. 마태는 유대인 청중(독자)을 위해 이방인 점성가의 순례 이야기를 들려주고, 누가는 이방인 청중(독자)을 위해 유대인 목자들의 순례 이야기를 들려준다는 사실 말이다. 아무튼 첫 청중과 독자에겐 그리 탐탁한 이야기가 아니었다.

두 복음서 저자는 유대인과 이방인 모두에게 아기 예수가 오신 이야기를 들려준다. 아기 예수로 오신 하나님이 바로 성탄이고 아기 예수 이야기이다. 성탄은 조용히 오신 하나님 이야기이다. 하늘의 현란한 우주 쇼도, 장엄한 군대 행렬도, 군악대의 웅장한 나팔 소리도 없이, 소복소복 쌓이는 흰 눈 사이로 뽀드득 소리를 내며 조용히 이 세상으로 진입한 하나님이시다.

그분은 자신의 도래(Advent)를 누구에게 먼저 알렸을까? 동방의 점성가인 이방인에게 알리고, 베들레헴 지경 들녘에서 양치는 목동들인 하층민에게 알렸다. 이 사실은 유대인 종교 기득권 세력을 경악하게 했으며, 이방인과 하류 계층은 놀라게 했다.

이처럼 메시아의 오심에 대한 반응은 둘 중 하나였다. 사람들은 경악하거나 경탄했다. "아니 그런 천하고 별 볼 일 없는 인간들에게 오셨다고?"라거나, "아니, 어찌 이렇게 누추하고 별 볼 일 없는 곳으로 오셨단 말인가!"라고 했다. 그나저나 오늘날 신자들 대부분은 성육신하신 하나님이든 아기로 오신 하나님이든 관심이 없다. 경악하지도 경탄하지도 않은 채 무덤덤하다. 기껏해야 산타클로스의 성육신에 혼미하여 들뜨며 옛 추억을 소환하는 정도일 뿐이고, 이 세상에 사람으로 오신 하나님 이야기에 어떠한 관심도 없다. 슬픈 현실이다.

마태복음에 동방의 점성가들이 예루살렘에 도착하여 "유대인의 왕으로 나신 이가 어디 계십니까? 우리가 동방에서 그분의 별을 보고 경배하러 왔습니다."라고 물었다. 예루살렘이 소동하기 시작했다. 군중들의 수군거림과 각종 소문이 떠돌기 시작했다. 헤롯 정부의 민정수석 안테나에 걸리고, 곧바로 헤롯에게 보고되었다.

왕권이 백척간두에 설지도 모른다는 두려움에 헤롯은 떨었다. 새로운 왕이 태어났다니, 이게 무슨 청천벽력인가? 마태는 이 패닉 상태를 "헤롯 왕과 온 예루살렘이 듣고 소동하였다."라고 기록했다. 일이 손에 잡히지 않았으며 온통 술렁거렸다. 정변이 일어날지 모른다는 소문이 퍼진다. 누가 이 나라 정통 왕이란 말인가? 누구의 다스림을 받아야 하나? 헤롯 왕? 갓난아기가 왕이라니.

하나님이 갓난아기로 태어났다는 사실이 삶을 흔드는가? 우리 가운데 예수가 왕으로 오신 사실이 혼란스러운가? 지금까지 평안하게 섬긴 왕, 아니 마지못해 그럭저럭 그 왕 밑에서 안주하던 평온이 깨진 사실을 받아들일 수 있는가?

예수를 왕으로 모시겠다는 결심은 그저 눈을 지그시 감고 손을 올리며 "예수 우리 왕이여, 이곳에 오셔서 보좌로 임하사 찬양을 받아주소서. 주님을 찬양하오니 주님을 경배하오니 왕이신 예수여 오셔서 좌정하사 다스리소서."라고 찬양하는 것으로 때울 수 없다. 믿고 의지하고 누린 기득권이 완전히 내려놓아지고 항복하게 될 때 예수를 왕으로 모신다는 뜻이다.

그렇게 되려면 한바탕 심각한 갈등과 소동을 치러야 한다. '온 예루살렘'이 소동했다지 않는가. 우리의 존재 자체가 흔들리고 무너질지 모른다. 지금까지 알던 세상에 종말을 고해야 할 것이다. 그래야 새로운 왕이 오실 수 있다. 새로운 왕은 소동과 술렁거림을 동반해서, 그분을 받아들이는 게 결코 쉽지 않다. 그분은 흔들어 놓는 분, 키질을 세차게 하는 분이다. 천만다행하게도 심하게 흔들수록, 키질을 세게 할수록 알곡은 안쪽으로 모이기 마련이다.

예수가 갓난아기로 오셨을 때 마태는 "헤롯 왕과 온 예루살렘이 듣고 소동했다!"라고 쓴다. 이 구절을 지나치지 말아야 한다. 예수는 우리를 흔들어 어지럽게 하고 혼란스럽게 하실 분이기 때문이다. 예수를 왕으로 모신다는 것은 모든 것을 내려놓고 그분의 처분만 기다린다는 뜻이기도 하다.

그분을 왕으로 모실 수 있어야 한다. 그래서 주저주저하게 된다. 때론 갈등하고 고민하고, 때론 뒤돌아보고, 그러다가 마침내 그분께 달라붙기로 작정한다. 이것이 예수를 왕으로 모시겠다는 뜻이고, 예수가 왕 되심은 제자도(弟子道, discipleship)에 입문하라는 부르심이다.

"헤롯 왕은 당황하였습니다. 예루살렘이 온통 술렁거렸습니다."

세 종류의 퍼레이드

"예수께서 어린 나귀를 보시고, 그 위에 올라타셨습니다."
요 12:14

종려 주일, 예루살렘에서 거창한 퍼레이드(가두행진, 街頭行進)가 펼쳐지고 있었다. 때는 유대인의 유서 깊은 유월절 시즌이었다. 유월절은 모든 유대인이 축하하는 최고의 축제일이었다. 그들의 조상이 이집트 바로의 학정에서 벗어나 해방과 자유를 찾은 역사적 사건을 기념하는 국가적 절기였으며, 예수가 지상에 계시던 당시 유대는 로마의 식민지였기에 유월절 기념 예식은 그 어느 때보다 유별난 의미를 담고 있었다.

유월절 기념식에는 유명 인사와 귀인들, 정부 고위 관료들이 다 예루살렘에 모였다. 특히 유대 사회에서 가장 지체 높은 귀인들이 예루살렘 성으로 들어오는 행렬에 호기심 많은 백성들은 종려나무 가지를 꺾어 들고 구경 삼아 나갔다. 큰 도로 좌우에 환영 행렬이 길게 늘어서는데, 자발적으로 나온 사람들, 동원된 인파들이 섞여 길게 이어졌다. 피곤한 일상에 찌든 백성들도 멋진 퍼레이드를 쳐다보며 잠시 피곤을 잊기도 했다. 유월절 퍼레이드는 유월절 축제의 꽃이고 클라이맥스였다. 잠시라도 눈요기하기에 이처럼 좋은 날이 어디 있겠는가.

종려 주일에 예루살렘으로 입성하는 세 가지 퍼레이드와 군중의 열기를 상상해 보았다. 헤롯의 퍼레이드, 빌라도의 퍼레이드, 마지막으로 예수의 퍼레이드이다.

첫 번째 퍼레이드 - 헤롯

헤롯 안디바(BC 20~AD 39)의 퍼레이드, 비록 그는 유대의 북동부 갈릴리 지방과 베뢰아 지방만 다스리는 1/4 왕(분봉왕)이지만(tetrarch = ruler of a quarter) 명색이 유대인의 왕이었다. (참고로, 분봉(分封)은 중국 천자(天子, 황제)가 땅을 나누어서 제후(諸侯)를 봉하던 일을 가리킨다.) 그는 예루살렘에서 좀 멀리 떨어진 지방의 분봉 왕이지만 유대인의 명절 유월절을 맞이하여 모처럼 유대인을 대표하여 예루살렘 성으로 화려하게 행차하였다.

이 행차를 위해 꽤 많은 돈을 썼다. 울긋불긋한 깃발들을 높이 치켜든 의장대와 화려하게 차려입은 군악대의 절도 있는 행진이 펼쳐지고 드디어 호위무사의 엄호를 받는 헤롯 왕이 가마를 타고 등장한다. 퍼레이드의 디테일은 왕의 위용과 권위를 나타내기 위해 준비되었다. 헤롯 왕의 행차는 화려하기 그지없었다. 모든 것은 황금색이었다. 왕의 행차는 재물과 돈의 위력을 과시하는 상징이었다.

두 번째 퍼레이드 - 빌라도

로마 총독 빌라도 역시 예루살렘으로 들어가는 퍼레이드를 펼쳤다. 빌라도는 예루살렘의 서쪽 지중해 해변 도시 가이사랴(Caesarea)에 상주하고 있었고, 그곳에 총독 관저가 있었으나 이번 유월절에는 예루살렘에 가야 했다.

유월절은 히브리 민족이 이집트의 왕 바로의 폭정에서 해방된 것을 기념하는 광복절이기에 빌라도는 혹시 모를 유대 민중 봉기에 신경을 써야 했다. 특히 로마의 점령에 반발하는 유대의 '열성 당원(zealots)'들이 무슨 일을 벌일지 조심스러웠다. 그래서 빌라도는 정말 대단한 위용을 자랑하는 퍼레이드 압권을 보여 주고 싶었다. 누가 예루살렘의 진정한 통치자인지 보여 주고 싶었다.

로마 황제의 문장이 새겨진 황금 독수리상을 높이 치켜들고, 로마 군대의 막강한 군사력을 과시하면서 요란한 나팔 소리와 로마의 전차 군단을 연상시키는 마병들을 앞장세우고, 사슬에 묶인 채 몇몇 유대 극렬 열성 당원들이 질질 끌려다녔다. 아마 지난해 반란 봉기에 잡혔다가 남은 자들이 아닐까.

그들은 그렇게 예루살렘으로 입성했다. 힘의 과시였고, 무력(武力) 시위였다. 권력을 만방에 펼쳐 보여 민중을 압도하겠다는 정치적 계산이었다. 퍼레이드는 과시(demonstration)이고, 단순히 관중을 즐겁게 하려는 것만이 아니었다. 선언하려는 것이다.

고대의 퍼레이드는 목적이 있었다. 헤롯과 빌라도가 예루살렘에 입성하여 장엄한 퍼레이드를 할 때, 각각 '돈(wealth)'과 '권력(power)'을 한껏 뽐내는 자리였다. 그들은 떠들었다. "당신들의 삶을 지배하고 통제하는 것이 이것이야! 돈과 권력 말이다!"라고. 돈과 권력, 부귀와 힘. 헤롯과 빌라도의 퍼레이드는 예루살렘에 사는 사람들을 향해 강력하게 선언한다. "돈과 권력을 숭상하는 너희들이여! 권력과 돈에 지배를 받는 너희들이여! 내 앞에 머리를 숙이라. 내가 너희를 다스리리라. 내가 너희를 구원하리라."

여러분, 우리 자녀들이 자라서 어디에서 일하면 좋겠는가? 강남이나 여의도? 강남과 여의도는 돈과 권력을 상징하는 지역이름이다. 마치 미국 뉴욕과 워싱턴이 아닌가. "돈과 권력이 너희를 지배하리라!" 그러나 돈과 권력을 무시한다는 것은 아니다. 그것은 중요하지만 조심해야 한다는 말이다.

돈과 권력이 있는 사람들은 별거 아니라고 하겠으나 서울 변두리 쓰러져 가는 집들이 다닥다닥 붙어 있는 허름한 동네를 안다면 이야기는 달라진다. 그들은 "돈과 권력을 갖는다는 것은 미래를 창조하는 힘을 갖는다!"라고 말할 것이다. "그러니 돈과 권력이 별거가 아니라는 말은 하지 마세요!" "배부른 소리 하지 마세요!"라고 외칠 것이다.

돈과 권력은 중요하고, 소중하다. 그러나 돈과 권력이 중요하고 소중하다면 독점하는 게 아니라 나눠야 한다! 예수는 가난한 자들의 의견에 동의하실 것이다. 늘 돈과 권력에 대해 자주 이야기하셨다. 어떻게 사용하는지에 엄청난 관심을 보이셨다. 교회는 돈과 권력에 대해 별로 관심이 없어야 한다는 경건주의적 발상을 버려야 하고, 마땅히 관심을 두어야 한다!

다만 진짜 '힘(권력)'과 '부'가 어디에서 오고, 그것을 어떻게 사용해야 하는가? 단도직입적으로 하나님으로부터 온다! 헤롯과 빌라도가 주지 않으며, 헤롯과 빌라도처럼 돈과 권력을 사용하여 우리 인생과 삶을 구원하려고 한다면, 불행하게도 돈과 권력이 우리는 물론 이 세상을 파멸시키고 만다. 돈과 권력을 조금이라도 새 희망이 되는 일에 사용한다면 삶의 목적을 발견하게 될 것이다. 이것이 종려 주일 메시지이다.

세 번째 퍼레이드 - 예수

고대 장군이나 왕의 당당한 귀환은 전쟁의 승리를 의미했다. 그들은 언제나 위용을 자랑하는 말(馬), 백마든 흑마든 구릿빛 말이든, 말을 타고 개선(凱旋)하였다. 예수의 경우는 전혀 달랐다. 아니 충격적인 장면을 연출하셨다. 장군의 말 대신 촌부(村夫)의 어린 나귀를 타고 예루살렘에 입성하신 것이다.

그의 퍼레이드는 그를 환호하는 수많은 군중의 열렬한 영접을 받았다(17~18절). 그들은 대부분 예수가 놀라운 기적들을 행했다는 소식을 듣거나 목격했던 사람들이었다. 예수가 엊그제 죽었던 나사로를 살린 사실을 목격한 사람들이 증인이 되었고, 많은 사람에게 그 이야기를 전했다. 그들이 얼마 전에 일어났던 하나님의 표적에 관해 좋은 소문을 퍼뜨린 덕분에 환영 인파가 더 늘어났고, 사람들이 종려나무 가지를 들고 그를 맞이하면서 "호산나! 여호와의 이름으로 오시는 분 이스라엘의 왕이여 복이 있으리라!"(시 118장)라고 외쳤다.

이 환영 인파는 힘없는 예수, 연약한 예수에 전혀 관심이 없었다. 이 사실을 반드시 알고 있어야 한다. 그들은 헤롯과 빌라도가 약속한 얄팍한 희망에서 자기들을 구원해 줄 더욱 강력한 사람을 기다리던 차였다. 사실 헤롯과 빌라도는 자신들의 영리 영달을 위해 퍼레이드를 한 지도자들이었고, 눈곱만큼도 백성의 고통이나 그들의 진정한 소망을 생각하지 않은 속물 권력자들에 불과했다.

그래서 백성들은 그들보다 더욱 강력하게 백성을 구원할 왕을 기다렸고, 새로운 왕국의 도래를 위해 예루살렘을 입성한 새 왕 앞에서 춤추고 있었다. 수많은 군중은 새로 오시는 왕국의 왕을 환호하고 있었다.

그런데 이게 뭔 일인가? "그런데 예수는 어린 나귀를 발견하시고 그 위에 앉으셨다."(14절) 요한복음은 그다음 구절에 유별난 멘트를 집어넣었다. 놓쳐서는 안 될 "그의 제자들은 처음에는 이 모든 일을 이해하지 못했다!"라고. 민족 해방을 기념하는 유월절에 맞춰 예루살렘에 입성하는 유일하고 진정한 강력한 지도자가 겨우 비천한 나귀를 타고 오다니. 참으로 웃기는 장면일 수밖에 없다. 아마 진정한 권력과 힘, 상상했던 권력과 힘을 가져오리라고 기대하던 왕은 나귀 등을 타지 않을 것이기 때문이다. 참 아이러니하다.

청와대나 여의도는 빌라도의 도시이다. 그 앞에서 아이들에게 '너도 언젠가 여기에서 일하기를 바란다!'라는 게 부모의 속사정이지 않겠는가? 검찰청과 법원이 옹기종기 모여 앉은 서초동에서, 아니면 여의도의 금융가에서 일하기를 바라는 것이 부모의 남모를 기도 제목이 아닐까? '여기서 성공하기만 하면 네 인생은 레드카펫을 밟는 것'이라면서!

헤롯으로 대표되는 돈과 재물의 화려함, 빌라도로 대변되는 권력과 힘, 이것이 정말 인생과 삶을 구원해 줄까? 돈과 권력을 통한 성공이 정말 우리 삶에 행복과 구원을 가져다줄까? 권력의 영역(정치 권력, 교육 권력, 종교 권력)에서 성공과 기업에서의 성공이 사람의 목숨과 인생을 구원할 수 있을까? 행복과 희망을 줄까?

헤롯과 빌라도가 죽은 자를 일으켜 세울 수 있을까? 그들이 하나님의 '사랑받는 자'로 만들어 줄 수 있을까? 그들이 죄책감에서 용서와 자유를 줄 수 있을까? 그럴 리 없다. 그들(그 인간들)은 평생 용서와 긍휼, 배부름과 치유, 위로와 포옹, 삶의 의미와 새 삶을 주어 본 적이 없었다. 그런데 어리석게도 헤롯과 빌라도의 퍼레이드에 줄을 서서 종려나무 가지를 흔들고 있었다. 돈과 권력은 우리의 구원자일 수 없다!

몇몇 사람들은 예수를 둘러싸고 노래하고 춤을 췄다. 어쨌든 그들은 두 눈으로 예수가 죽은 자를 살리고 전적으로 새로운 나라를 향한 오래된 꿈들을 다시 살리신 것을 목격했다. 당당한 증인들이었다.

이 이야기 이후, 알다시피 예수는 한 주간 동안 비참하고 힘든 수난주간을 보내셨다. 그래서 나는 "종려 주일에 희망을 내려놓으시오. 예수는 십자가로 죽으러 갑니다!"라고 말하고 싶다. 이 이야기가 어떻게 전개되는지를 알기 때문에 오히려 빌라도와 헤롯이 여러분에게 주는 것에 그저 만족하고 지내는 편이 나을지도 모른다.

우리도 예수께 소리 지를 것이다. "여호와의 이름으로 오시는 분이시여, 복이 있을 것입니다. 이스라엘의 왕으로 오시는 분이시여, 복이 있을 것입니다. 그런 짓 하지 마세요. 예루살렘으로 들어가지 마세요! 왜 죽으러 가십니까?"라고 외치게 되고,

다른 한쪽에선 예수를 응원하며 더 큰 소리로 외친다. "여호와의 이름으로 오시는 분이시여, 복이 있을 것입니다. 이스라엘의 왕으로 오시는 분이시여, 복이 있을 것입니다. 당신이 걸어가는 길에 하나님이 함께하시기를 기원합니다!"라고. 서로 다른 목소리들이 한데 어울려 혼란스럽기만 하다.

다른 복음서에 바리새인들이 예수께 부탁하여 제자들을 조용히 시키라고 했던 이유가 이것일 수 있다. 마치 "예수여, 저기 외치는 자들의 입을 막아 주소서. 그렇게 하면 할수록 비극이 점증하기 때문이오. 예수여, 지금 예루살렘 안에서 당신을 기다리고 있는 것이 무엇인지 당신도 알고 우리도 압니다." 그러자 예수는 "이 백성들에게 조용히 하라고 하면 이 돌들이 소리를 지를 것이다"라고 했다(눅 19장).

군중 가운데 어떻게 전개될지 아시는 예수는 예루살렘에 들어갔다. 물론 빌라도의 사형선고를 두려워하지 않았으며, 위대한 희망, 걷잡을 수 없는 희망을 주시러 담대하게 들어가신다. 죽음을 물리칠 수 있는 새로운 왕, 우리를 위해 모든 것들을 바꿀 수 있는 왕으로 당당하게 들어가신다.

그는 종려 주일 저 끝을 내다보고 계셨다. 죽음 너머 부활까지 보셨다. 이것이 우리에게 걷잡을 수 없는 희망을 준다! 바리새인들의 말에 따르면, 이것이 온 세상이 예수를 따라가는 이유였다!

우리 삶이 예수가 품으신 위대한 희망으로 불이 타오르지 않는다면, 기껏해야 헤롯과 빌라도가 제공하는 작고 세속적인 삶의 목적들 정도로 만족할 것이다. 기껏해야 승진 정도, 혹은 괜찮은 집을 장만하는 정도일 것이다. 그것이 오직 추구하고 찾는 것이라고 큰 소리로 말할 수 있는가. 이 문제에 솔직하고 정직하시길!

사회가 위대한 희망을 상실한다면, 살면서 더 나은 것이 오지 않는다고 생각하기에 오늘을 낭비하고 사는 것이다. 그런 삶은 불행해진다. 희망을 잃어버린 세상에 대해 경제학자는 부채를 짊어지고 사는 것이라고 했고, 사회학자들은 분열된 공동체들을 경험하는 것이라고 했다. 생태학자들은 우리의 지구를 남용해서 심지어 돌들도 희망을 향해 절규한다고 한다.

그러나 크리스천은 예수 그리스도가 품었던 희망을 품어야 한다. 아니라면 우리는 파멸에 이른다. 새로운 나라가 오고 있다고 믿어야 하고, 하나님의 나라에 대한 위대한 희망을 내려 놓지 않아야 한다!

오늘날 전 세계 모든 교회의 그리스도인은 예수의 퍼레이드를 직면해야만 한다. 어떤 이는 유치한 환상이라고 우습게 여기겠으나 우리는 "도래하고 있는 하나님의 왕국이여, 복이 있을지어다!"라고 노래해야 한다. 헤롯과 빌라도가 다스리는 나라가 아니다. 하나님이 통치하시는 정의로운 나라이다.

세상에 구원과 긍휼, 용서와 먹이심, 위로와 치유, 이해와 포옹은 그것을 몸소 베푸신 예수만이 주실 수 있다. 그것을 주시려 세상에 오신 분이 하나님의 아들 예수이시다. 예수의 퍼레이드에 참여하여 종려나무 가지를 흔들며 춤추었던 사람들이 누구인가? 한때 눈이 멀었지만 눈을 뜨게 된 여리고의 걸인 바디매오 씨, 부당한 과세로 부를 축적했지만 예수를 만나 인생을 새롭게 살게 된 삭개오 씨, 12년을 혈루증으로 비참하게 살던 중 예수의 옷자락을 만지고 새로운 인생을 살게 된 그 여인, 어린 딸을 살리기 위해 수모를 감당하고도 예수께 매달려 은혜를 얻었던 시리아-페니키아(수로보니게) 출신의 그 가나안 여인, 죽었다가 예수 덕분에 살아나게 된 나사로 씨, 물론 오병이어의 기적의 현장에서 배고픔을 달래고 영원한 떡을 추구하게 되었던 수많은 사람, 그들이 지금 예수의 예루살렘 퍼레이드 대열에 어깨를 나란히 하고 서 있다.

어느 퍼레이드에 열광하는가? 헤롯의 퍼레이드인가? 빌라도의 퍼레이드인가? 아니면 예수의 퍼레이드에 서 있는가? 선택해야 한다. 그 결과는 영원하다.

분노가 분함이 되지 않도록

"자기 형제나 자매에게 성내는 사람은, 누구나 심판을 받는다."

마 5:22

어떤 일로 화(anger)날 수 있다. 어떤 사람 탓에 성질날 수도 있다. 그러나 화를 내거나 성질을 부린 결과가 치명적이라고 생각해 본 적이 있는가. 성질을 부린 결과가 살인이라면 놀랄 것이다. 화를 내다가 급기야 살인했다는 말이 아니다. 화를 내는 자체가 곧 살인이다!

아주 오래전 예수는 산상설교에서 화와 살인(murder)의 관련성에 관해 말씀하신 적이 있다. "나는 너희에게 이르노니 형제에게 노하는 자마다 심판을 받게 되고 형제를 대하여 '라가'라 하는 자는 공회에 잡혀가게 되고 미련한 놈이라 하는 자는 지옥 불에 들어가게 되리라."(마 5:21~22)

현대역으로 풀어 쓰자면 친구나 동료, 특히 아랫사람에게 절제력을 상실한 채 불같은 화를 쏟아 내거나, '머리가 빈 놈' '멍청이' '무뇌(無腦)' '돌대가리' '미련한 놈' '쓰레기' 등 온갖 욕설과 폭언을 퍼붓는다면, 그것은 살인 행위이며 따라서 하나님의 심판은 물론 무시무시한 '지옥 불'을 피할 수 없다는 말이다. 여기서 영원한 형벌인 지옥 불의 언급은 도무지 상상할 수 없을 만큼 충격적이고 심각한 형벌이라는 뜻이 아닌가.

기억해야 할 것은, 화와 분노는 종교적 영역보다 일상에서 흔히 일어나는 일이라는 점이다. 가정에서 부모와 자식, 남편과 아내 사이, 친구나 동료나 연인 사이, 직장 상사와 아랫사람 사이, 때론 사회계층 사이 갈등에서 화나 분노가 표출된다. 심지어 묻지마 폭력이나 살인 사건에서 볼 수 있듯이 어떠한 관계도 없는 사이라도 일어난다. '분노하는 사회'이고 '성난 도시'가 되었다. 불만족과 좌절감, 상대적 박탈감과 비교 의식, 불공정과 불평등, 열등감과 우월감, 양극화와 과도한 경쟁 등 다양한 사회 심리학적(socio-psychological) 현상이 극단적으로 개입되어 있다.

사회현상은 그렇더라도, 기독교인은 영적 성품, 영적 생활, 혹은 신앙생활에서 일상(everyday life)이 차지하는 영역이 엄청나게 크다는 사실을 인식하지 못하고 있다. 일상의 문제가 교회나 종교 영역의 문제보다 영성 형성에 더 영향을 미친다. 이런 이유로 일상의 사소하고 세속적인 욕망이 실제 개인 영성과 경건에 치명적인 결과를 유발한다.

언제나 화와 분노는 대상이 있다. 표적에 집중적으로 정확하게 분노를 쏟으면서 자신의 화와 분노를 해소하려 한다. 이처럼 특정한 대상이 표적이나 목표물이라면 살인하는 것과 같다.

인간의 생명을 빼앗는 것은 더 나아가 창조주 하나님에 대한 궁극적 반역이다. 마치 아벨을 죽인 가인의 예와 다름이 없다.

누군가를 죽인다는 것은 자기가 삶과 죽음에 대한 주권을 행사한다는 뜻이며, 이것은 주기도 하고 가져가기도 하시는 하나님의 절대 권리를 탈취하는 신성모독이고 참람한 일이다. 누군가 특정한 약자에게 배설하듯 분노하며 폭언을 쏟았다면 하나님의 형상을 파괴하는 폭력이다.

일상에서 함부로 깔보거나 무시하거나 얕잡아 보거나 억누르거나 착취하면서, 그의 인격을 짓밟으면서 교회나 종교적 모임에서 생명 존중 사상을, 생명신학을, 형제 사랑을, 하나님 사랑을 이야기한다면, 이 또한 언어 폭력과 다름없고, 언어 위선이다.

누구보다 종교 지도자들이 일상의 언어와 태도에서 인성(humanity)이 결핍되고 존중과 긍휼이 빠졌다면, 그들은 양의 가죽을 뒤집어쓴 늑대가 맞다. 이들 또한 지옥 불을 피하지 못할 것이다. 하나님은 그들을 혐오하실 것이다.

분노(anger)가 분함(resentment)으로 자리 잡기 시작했다면, 그 분노의 대상은 다른 사람이 아니라 바로 우리 자신이 된다. 분노는 우리와 우리 영혼에 대해 폭력적이 될 것이다. 분함은 우리 자신을 죽일 뿐이므로 우리 안에 깊이 움츠리고 있는 야수성을 죽이고, 예수 그리스도의 새로운 인성(new humanity)을 덧입어야 한다.

두려워 마세요

> "나 하나님이 너에게 말한다. 두려워하지 말아라. 내가 너를 돕겠다."
>
> 사 41:13

'두려워 말라'는 고난 가운데 있는 이들을 위한 하나님의 말씀이다. 극심한 어려움에 빠진 개인이나 공동체에 나타나시면서(신의 현현, theophany) 주시는 구원 신탁의 전형적 말씀이다. 국가적 전쟁에서 약세를 면치 못하고 깊은 패배감에 사로잡혀 있을 때, 개인이 고난이나 절망적 환경에 처해 있을 때, 하나님은 그들을 위해 대신 싸우시는 전사로, 든든히 돕는 자로, 길을 내시는 지혜자로 나타나신다. 끝까지 함께하겠다고 약속하시며 연대감을 나타내시고, "나니, 두려워 말라. 나는 너를 돕는 자다. 내가 너와 함께 있으리라!"라고 말씀하신다.

비록 이스라엘이 벌레(구더기)같이 형편없고 추해, 종종 사람의 눈에 경멸의 대상일지라도 언약에 신실하신 하나님은 반드시 찾아오신다. 사방으로 욱여쌈을 당하고, 가진 자원이 바닥이 났다 해도, "우리의 도움은 어디서 올까?" 하며 깊은 근심 중이어도, 반드시 찾아오시는 분은 이스라엘의 거룩하신 분 여호와 하나님이시다.

하나님의 '오심(Advent)'은 죽음의 문을 부수고 생명의 세상을 여는 인간 역사의 열쇠이다. 요셉의 임종 유언을 기억하는가. 평생 애굽 사람이었던 요셉이 이방 땅 애굽에서 눈을 감으면서도 마지막 희망을 '하나님의 오심'에 두었다. 두 번에 걸친 그의 유언 기도문이다.

> "나는 죽을 것이나 하나님은 당신들을 <u>반드시 찾아오시고</u>(히, 파코드 이프코드) 당신들을 이 땅에서 인도하여 내사 아브라함과 이삭과 야곱에게 맹세하신 땅에 이르게 하시리라." (창 50:24)

> "하나님은 당신들을 <u>반드시 찾아오시고</u>(히, 파코드 이프코드) 당신들은 여기서 내 해골을 메고 올라가리라." (창 50:25)

찾아오시는 하나님은 이스라엘을 위해 '새로운 일'을 시작하실 것이다. 바벨론 제국의 압박과 지배 아래 경멸의 대상이며 존재감 없이 바닥에서 꿈틀대는 벌레 같은 이스라엘을 이제 날카로운 새 타작기로 거듭나게 하신다는 약속이다.

이처럼 눈에 띄지 않던 미물의 이스라엘이 태산 같은 크기의 날카로운 타작기로 변신하여 장대한 산맥, 우람한 산들처럼 보인 제국들을 무너뜨리고 박살내겠다고 한다. 벌레가 변하여 태산 같은 타작기가 되다니. 이것이 하나님이 하시는 '새로운 일'이다.

개인 탄식시의 전형 시편 22장, 웬만한 그리스도인은 히브리어로 첫마디를 외운다. "엘리 엘리 라마 사박다니(나의 하나님 나의 하나님 어찌하여 나를 버리십니까?)." 처절한 탄식의 기도에서 시인은 자신을 '벌레'라고 고백한다. "나는 벌레요 사람이 아닙니다. 비방거리요 조롱거리입니다."(6절) 십자가 위에서 예수는 이 기도를 한다.

하나님은 버림받고 조롱거리가 되어 잔인하게 살해된 예수를 죽은 자 가운데서 살려 내심으로 '새로운 일'을 하신다. 만왕의 왕으로 절대주권을 가진 예수는 사탄의 왕국을 흩어 버리시고 난공불락처럼 여겨지는 죽음의 돌무덤을 깨뜨리신다. 정의와 평화가 포옹하는 새로운 세상을 만드셨다. 이것이 하나님의 기이한 일이었으며, 이전에는 감히 꿈꾸지도 못했던 '새 일'이었다.

반드시 그런 날이 온다. 하나님께서 "너는 여호와를 즐거워하겠고 이스라엘의 거룩한 자를 찬양할 것이다."(16b절)라고 약속하셨다. 넘을 수 없는 4차원의 벽 같았던 바벨론 제국을 굴복시키고 바빌론에 유배된 이스라엘을 고향으로 돌아가게 할 때 그들은 소리 높여 찬양과 감사의 노래를 부르게 될 것이다. "슬퍼하던 사람들에게 재 대신에 화관을 씌워 주시며, 슬픔 대신에 기쁨의 향유를 발라 주시며, 괴로운 마음 대신에 찬송이 마음에 가득 차게 하실 것입니다."(사 61:3)라고 약속하신다.

　그러므로 두려워 말자. 죽을힘을 다해 노 젓는 일엽편주 작은 배를 집채만 한 파도가 삼키려 해도 두려워 말자. 두려움 없이 노를 젓자. "나다, 두려워 말라!" 하시는 그분이 당신의 배에 승선(乘船)하셨기 때문이다.

죽음과 부활 이야기

"다메섹에 있는 아바나 강이나 바르발 강이, 이스라엘에 있는 강물보다
좋지 않다는 말이더냐? 강에서 씻으려면, 거기에서 씻으면 될 것 아닌가?
우리나라의 강물에서는 씻기지 않기라도 한다는 말이더냐?"

왕하 5:12

시리아의 장군 나아만이 이스라엘의 요단강 물속에 들어
가는 내용은 결국 '죽음과 부활'에 관한 이야기이다. 하나님의
말씀에 따라 요단강에서 죽는 일. 그러나 미국의 저명한 작가
이자 목사인 프레더릭 비크너(Frederick Buechner)가 정곡을 찌
르는 유머로 잘 표현했듯이 '아담은 탁월한 수영선수(mighty
swimmer)'여서 물에 빠져도 죽지 않고 잘 헤엄쳐 살아 나온다는
것이다.

우리는 죽어야 한다. 생명 유지 장치를 모두 다 떼어 놓고 죽
으러 물속에 들어가야 하고, 날마다 십자가를 져야 한다. 이는
기적을 체험하는 길이고, 새 생명으로 다시 태어나는 길이다.

복음은 그리스도와 함께 죽으라고 말씀하신다. 복음은 도
덕적 개선을 요구하지 않는다. 도덕적 개선을 요구했더라면 십
자가에 달리신 예수님이 필요 없었을 것이다. 우리에게 장의사
가 필요하고 장례식이 필요하다. 예수님은 도덕 선생으로 세상
에 오신 것이 아니라 의사로 오시고, 장의사로 오셨다.

내가 생각하기에 신앙은 위대한 것 큰 것을 바라고 기대하는 것이 아니다. 자그마한 것, 별 볼 일 없는 것처럼 보일지라도 하나님께서 주신 것을 겸손하게 받아들이고 품는 것이 신앙이다. 예기치 못한 하나님의 대답에 대해 "예."라고 하면서 기꺼이 받아들이려는 손(手)이다.

- 하나님이 있으실 것이라고는 전혀 기대하지 않는 곳에서 하나님의 자애로운 손길을 만지게 될지 모릅니다. 기대하십시오.

- 전혀 계획되지 않는 사건 속에서 하나님의 치유를 경험할지도 모릅니다. 기대하십시오.

- 무릎을 꿇고 있을 때가 아니라 혼자서 먹는 점심시간에, 경외감으로 가득할 때가 아니라 공허의 위기 속에서 있을 때 친절하신 하나님을 만날지도 모릅니다. 기대하십시오.

- 도망자의 신세로 브엘세바 들판에서 돌베개를 베고 하룻밤을 지내던 두려워하는 야곱을 기억하십니까? 그에게 찾아와 말로 표현할 수 없는 하늘의 영광을 보여 주셨던 벧엘의 하나님을 기억하십니까? 기대하십시오.

'십자가'에서 하나님을 만나야 한다. 죽음 가운데 생명의 주님을 만나야 한다. 죽음을 경험하지 않는 자는 생명을 얻지 못하고, 홍해에 들어가지 않는 자는 홍해에서 나올 수도 없다. 그리스도와 함께 죽지 않는 자는 그리스도와 함께 다시 태어나는 신생(新生)의 즐거움을 맛보지 못한다.

부활과 신생은 하나님의 일방적 선물이며 은혜이다. 죽은 자가 어찌 자신을 스스로 다시 살릴 수 있겠는가? 누군가가 살릴 때까지 그대로 있어야 한다. 아니 죽은 채 있을 수밖에 없다. 그래서 하나님은 잃어버린 자, 죽은 자에게 찾아오시는 것이다. 이것이 복음이다.

"우리가 아직 죄인 되었을 때 그리스도께서 우리를 위하여 십자가에 죽으심으로 하나님께서 우리에 대한 자기의 사랑을 확증하셨느니라."(롬 5:8)

노인 빌라도의 고백

- 로마 양로원에서 발견된 빌라도 회고록 중에서 -

"그들은 소리치며, 예수를 십자가에 못 박으라고 큰 소리로 요구하였습니다.
그래서 그들의 소리가 이겼습니다."

눅 23:23

그때 군중의 악다구니가 하늘을 뒤덮었다. 광기에 사로잡힌 그들의 눈은 피처럼 붉게 물들어 있었다. 집단 폭력에 만신창이가 된 젊은이 예수는 아무런 반응도 보이지 않았다. 말이 없는 젊은이 예수의 온유함과 고함지르는 군중의 폭력성 사이에서 갈등하던 나는 아무리 생각해도 젊은 예수가 가여웠다.

그를 지지하는 목소리는 모래알이었다. 그를 처형해야 한다는 군중의 목소리는 날카로운 비수가 되어 하늘을 찔렀으나 맨 정신으로도 술 취한 상태로도 그 젊은이가 끔찍한 형벌을 받아야 한다고 판단되지 않았다.

로마법학전문대학원 재학 시절에 배운 형법 정신과 원칙에도 맞지 않았다. 그러나 군중의 함성은 총독 관저 창문을 흔들었고, 내 마음을 온통 세차게 흔들었다. 불쌍하지만 젊은이 하나 희생하면 미쳐 날뛰는 군중을 잠재울 수 있고, 내 정치적 입지도 단단해지겠다는 생각이 커졌다. 게다가 로마 중앙 정부에서 파견한 보안대가 나에 대해 뭐라고 보고할지도 심히 걱정스러웠다. 로마의 변방인 이곳 유대 총독 임기를 마치면 좋은 자리로 영전해야 하지 않겠는가.

법률가인 나로서는 수없이 정의가 무엇인지 고심할 수밖에 없었다. 억울한 일이 없도록 하는 게 정의의 출발이라는 것을 저 유대인 설교자에게서 듣기도 했다. 그렇지만 결국 민중의 악다구니 함성과 압력 앞에 정의를 내려놓기로 했다. "빌라도는 물러가라! 빌라도는 자리에서 내려오라! 로마 황제에 비협조적인 빌라도는 떠나라! 민중의 소리를 무시하는 총독은 필요 없다!"라고 외치며 세 번씩이나 총독 관저에 몰려들지 않았나.

세차게 흔들리는 거실 유리창처럼 나는 한없이 흔들렸다. 마침내 내 일생에 가장 수치스러운 결정을 내리고 말았다. 아무리 봐도 죄 없는 유대인 젊은이를 폭도의 손에 내주었다. 폭풍처럼 몰려드는 민중 때문이었다는 변명이 얼마나 치사하고 옹졸한지 부끄럽게 고백한다. 나는 용기 없는 기회주의자였다.

후세 그리스도인들이 신앙고백을 할 때마다 내 이름을 거명한다는 사실에 내 평생 갚아도 다 갚을 수 없는 죗값을 받고 있다. 이제 바라기는 십자가 처형에 내가 내주었던 젊은 예수가 나를 용서하셨으면 좋겠다. 내게 용서의 은총이 주어지기를 기도한다. 그러시리라 믿는다. 저만치 삶의 끝자락이 보이는 오늘이다.

장벽을 허무시고 성전을 세우시다

"이제 여러분은 외국인도 아니고 나그네도 아닙니다.
성도들과 같은 한 시민이며 하나님의 한 가족입니다."

엡 2:19

예수의 일생에서 누구도 이방인 취급받지 않았을 뿐 아니라, 그 이상의 일을 하셨다는 것을 알 수 있다. 점차 이방인 역할을 스스로 받아들인 예수께서 수난을 당하신 일 자체가 '이방인' 역할이었다. 우리의 비탄을 담당하시고 우리의 슬픔을 짊어지신 것은 이방인 취급받는 고뇌를 자발적으로 기꺼이 겪으셨다는 것을 의미한다.

누구에게 이방인 취급을 받았을까? 조국을 다스리던 외국인들(로마인)에게 그런 취급을 받았고, 그의 조국을 인도하는 정치·종교 지도자들로부터 그런 취급을 받았다. 마침내 가족과 가장 가까운 제자들로부터 그런 취급을 받았고, 심지어 십자가에서 하늘 아버지로부터 그런 취급을 받았다.

십자가에서 죽은 예수는 철저하게 세상에서 이방인이었다. 우리는 그 고통이 어떤 고통인지를 짐작조차 할 수 없으며 말할 자격도 없다. 그것이 '이방인'에서 추출되었고, 이방인으로서 받은 그분의 고통이 새로운 인종을 창조한 사건이라고 믿는다. 그 누구도 이방인으로 배척받지 않는 사회, 모두가 하나님 집의 가족과 성도, 동료이자 시민으로 구성된 사회, 새로운 인류를 창조하는 사건이었다고 믿는다.

이것은 비현실적인 공상이 아니고, 실제적인 꿈이었다. 오순절에 실제 이루어진 꿈이었다. 오순절에… 성령은 바벨탑에서 만들어진 분열들을 파괴하셨고, 여러 세기 동안 사람들을 갈라놓은 벽을 허무셨다. 오순절에 교회는 그리스도의 영이 있는 곳마다 이방인은 있을 수 없다는 사실을 경험하였고, 교회는 그 문을 온 세상을 향해 활짝 열어 놓고 온 세상 모든 남자와 여자가 교회에서 고향을 찾고 따스한 영접을 받게 하려고, 자신을 바치고 목숨을 바치신 '한 이방인' 이야기를 널리 선포하기 시작했다.

여기 바로 교회에서 원수 사이였던 유대인과 이방인이 화해하고 악수를 청하게 되었다. 이것이야말로 위대한 기적, 마치 세상의 창조가 기적이었던 것처럼 위대한 기적이었다. "그런데 기적이 일어났습니다."라고 바울은 에베소서 2장 13~14절에서 말한다. 어떤 기적인가? "이제는 전에 멀리 있던 너희가 그리스도 예수 안에서 그리스도의 피로 가까워졌느니라." "그는 우리의 평화이시라. 둘(유대인들과 이방인들)로 하나를 만드시고 중간에 막힌 적대(敵對)의 담을 허셨다."

그리스도께서 유대인과 이방인 사이를 갈라놓은 담을 허무셨다. 그뿐 아니라 그리스도는 자유민과 노예를 갈라놓던 담도 허무셨고, 남자와 여자를 갈라놓던 담도 허무셨다. 나누고 있는 벽들, 갈라놓은 모든 벽을 허무셨다(예, 골 3:11; 갈 3:28). 물론 남자는 남자로 여자는 여자로 남아 있고, 유대인은 유대인으로 이방인은 이방인으로 남아 있을 것이다.

이러한 인간적인 구별은 그대로 존속되나 '불평등'은 모두 사라진다는 말씀이다. 그렇게 됨으로써 교회 안에 일류 교인과 이류 교인이 있을 수 없다. 교회 안에 남자는 접근하고, 여자는 접근할 수 없는 영역이 없다. 남자와 여자는 교회 안의 기능과 직분에서 하나님을 자유롭게 섬길 수 있다는 의미이다.

교회는 옛 질서를 대체하는 새로운 창조 질서이며 새로운 창조 세계(new creation)이다. 교회는 옛 인류를 대체하는 새로운 인류이다. 하나님의 목적은 두 개의 인류를 하나로 묶어 하나의 인류를 창조하시는 것이었다. 유대인과 이방인을 하나의 인류로 만들어 '평화'를 이루게 하는 것이 하나님의 목적이었다.

이러한 새로운 인류(인종)의 특성이 있다면 무엇보다 통일성과 평등이다. 하나 됨과 평등함, 그 안에는 일류와 이류가 없고, 특권계급과 비특권계급도 없다. 이러한 상태에는, 이러한 공동체에는, 이러한 영토에는 모든 적대감이 극복된다. 모든 불평등과 차별이 무의미하게 된다. 이러한 일은 설교를 통해서 일어나지 않는다. 성령의 능력으로 일어나고, 교회의 구성원들이 성령으로 충만할 때 이런 일이 일어난다.

성령은 우리에게 교회 안에서 그 누구도 소외되거나 외지인 처럼 느껴지지 않도록 하라고 가르치신다. 성령은 '나는 이류 급 신자야!' '나는 이 사람들 속에 속할 수 없어!'라고 느끼지 않 도록 하라고 가르치신다.

그런데 이 말씀을 드리면 어떤 분은, "잠깐만! 바울이 교회 에 관해 말하는 것은 이상적 교회이지 실제 현실은 아닙니다." 라거나 "그렇습니다. 이상은 아름답습니다. 그러나 현실은 전 혀 그렇지 못합니다."라고 반박할지 모른다. 물론 현실에는 불 일치와 불협화음, 불평등이 있으나, 그리스도인은 그리스도께 서 허무신 옛 담들 대신에 새로운 담을 쌓아 왔다. 이것이 현실 이다.

인종차별(racism)이라는 벽을 세워 백인과 흑인을 가르고, 백 인과 유색인종을 가르는 벽을 쌓아 왔다. 성차별주의(sexism)라 는 벽을 쌓아왔고, 남자들의 손 안에 권력을 독점해 왔다. 신분 차별(classism)이라는 벽을 높게 쌓아 왔다. 교단주의(denomina-tionalism) 벽을 쌓아 왔다. 더구나 교회들이 서로 경쟁하는 종파 로, 그것도 무한 경쟁 상대로 인식하게 했다.

우리는 교회가 앞으로 나아가야 할 때, 이러한 현실로부터 전진 명령을 받지 않는다는 사실을 기억해야 한다. 교회는 항 상 성경으로부터 그 전진 명령을 받았고, 현실이 어떠하더라도 교회는 그 현실이 그대로 돌아가도록 허락하지는 않았다. 교회는 성경에 순종하는 그리스도의 몸이기 때문이다. 교회는 성경이 가르치는 방식으로 세상의 현실을 바라봐야 한다.

성경이 무엇이라고 말씀하셨는가? 성경은 우리에게 말씀하신다. 이 모든 벽은 예수 그리스도에 대한 공격이며, 그분의 화해하시는 사역에 대한 공격이다! 성경은 우리를 향해 손가락으로 지적하고 비난하면서 묻고 있다. 그리스도께서 모든 벽과 담을 다 허물었는데 어찌하여 하나의 공동체, 유일한 공동체 안에 감히 칸막이를 만들고 벽을 쌓는가? 그렇다면 그리스도께서 십자가 위에서 이루신 화해의 일을 무시하는 처사가 아닌가? 담이 세워지도록 방치하거나 방관하는 것은 그리스도가 이루신 화해의 사역을 무위(無爲)로 돌리는 것이 아닌가?

그리스도께서 이 모든 장벽을 무너뜨리신 목적이 무엇인가? 그분이 마음에 두신 목적은 진정으로 서로 사랑하고 받아들이는 공간을 만드시기 위한 것이었다. 서로 진정으로 사랑할 때가 언제인가? 어느 때 서로 진정으로 사랑하는가? 서로 동등할 때이다. 한 사람이 다른 사람보다 더 높이 있을 때가 아니다. 한 사람이 다른 사람보다 더 힘이 있을 때가 아니다.

남보다 더 높이 있거나, 남보다 더 힘이 있으면 두려움이 생기기 마련이다. 그러나 진정한 사랑은 두려움을 물리치고, 서로 진정으로 사랑하면 두려움이 사라진다. 진정한 사랑의 본질이 이것이다. 사랑은 평등을 간절히 열망한다! 만일 한 남자는 교회에서 장로로서 봉사하면서 다른 여자는 그런 위치에서 봉사할 수 없다면 그 기독교인 남자는 그 기독교인 여자를 진정 사랑할 수 없다. 진정한 사랑은 평등을 열망하기 때문이다.

그러므로 오늘날 교회가 직면한 긴급한 도전은, 우리가 세운 벽과 칸막이를 허물어야 한다. 우리 양심에 세워진 벽과 담을 부수어야 한다. 이러한 벽들이 그리스도를 향한 공격이라고 절실하게 느껴야 하고, 이러한 벽들을 세운 우리 자신이 철저하게 회개해야 한다.

이 모든 일은 반드시 그리스도의 명예를 위해서 해야 한다. 새로운 인류를 창조하신 분, 형제자매로 구성된 새 가족을 만드신 분, 그리스도의 명예를 위해 그러해야 할 것이다. 우리 모두 하나님 앞에서 평등하기에 서로 진정으로 사랑할 수 있는 것이다. 아멘.

PART 3

하나님
뜻이
이 땅에

낯선 사람과의 만남

"야곱이 브니엘을 지날 때, 해가 솟아올라서 그를 비추었습니다.
그의 엉덩이뼈가 어긋났으므로 절뚝거리며 걸었습니다."

창 32:31

본문은 야곱과 에서의 '만남' 안에 감싸져 있는 단락이다. 한밤중에 야곱에게 발생한 낯선 사람과의 만남은 에서와의 만남으로 서로 관련되어 있다는 것을 보여 준다. 야곱이 씨름한 낯선 사람의 정체가 누구인지에 관해 학자들 사이에도 의견이 분분하지만, 본문에서 낯선 사람이 여호와 하나님임을 암시하고 있다.

그러나 야곱이 한밤중에 만난 이 인물의 정체는 짙은 암흑 속에 가려져 있다. 이야기 전개에 의하면, 시간적 요소인 한밤중이라서 그렇거니와 그가 만난 상대가 정체불명이라는 사실은 밤새도록 야곱이 사투해야 했던 씨름의 두려움과 공포를 더욱 가중시키는 역할을 한다.

20여 년 전에 불구대천의 악연을 맺고 떠났던 형 에서를 야곱은 두려움 가운데 만나야 했는데, 약속의 땅 가나안으로 들어오는 입구인 얍복 나루에서 저녁을 맞이한다. 아내들과 자녀들, 갖가지 소유물을 먼저 건너보내고 홀로 남는다. 20년 전 벧엘에서 그랬던 것처럼(28:10~22) 야곱은 얍복 나루에 홀로 남아 있었다. 극도의 두려움에 사로잡힌 야곱으로서 더 간절하게 하나님께 기도하기에 이 시간보다 적합한 상황은 없었을 것이다. '얍복(יבק)'은 이와 비슷한 음을 가진 '야곱(יעקב)'이 '예아벡(אבק, 씨름하다)' 하리라는 것을 예기(豫期)하고 있다.

한밤중 얍복 나루에서 얼굴을 알지 못하는 낯선 사람과의 갑작스러운 조우(遭遇)는 야곱의 공포를 더욱 가중했을 것이고, 밤새도록 계속된 그 낯선 사람과의 씨름은 생사를 건 사투였음이 틀림없다. 야곱은 씨름을 시작하는 순간에도 대적자가 누구인지 알지 못한다. 그러나 우리는 독자로서 그가 여호와 하나님인 것을 알아차렸고, 화자(話者)는 야곱이 에서를 만나기 전에 먼저 하나님을 만나야 한다는 사실을 알리고 있다.

지금까지 야곱은 승리를 쟁취하기 위하여 수없이 싸워 왔다. 에서를 이겼고, 라반을 눌렀다. 그는 이제 약속의 땅에 들어가는 문턱에서 하나님과 씨름해야 한다. 본문은 씨름의 진행에 대해서는 거의 침묵하고 있으나, 단순히 화자는 씨름이 밤새도록 계속되었다는 사실, 야곱이 거의 승리를 거두는 순간까지 보도하고 있었으나 승리가 눈앞에 보이는 막바지에 그 낯선 사람은 야곱의 환도뼈를 내리친다(25절). 야곱의 생식기를 내리친 것이다.

놀랍게도 낯선 사람은 야곱을 치사한 방식으로 쓰러뜨렸

다. 어찌 보면 일생 처음으로 정직한 싸움을 하고 있던 야곱이었으나 낯선 사람은 싸움의 마지막 순간에 치사하고 치사하게 그의 급소를 내리치고 말았다. 한평생 온갖 간교함과 속임수를 이용하면서 살아온 야곱이 그가 당했던 것처럼 간교하고 치사하게 '당하게' 된 사건이었다.

이것을 시적 정의(詩的 正義, poetic justice)라고 하지 않던가! 이제 이 싸움의 승자는 누구인가? 누가 이 싸움의 패자인가? 이 싸움은 무승부인가? 이에 대한 대답은 그다음에 등장하는 두 인물의 대화(26~29절)를 통해 천천히 드러난다.

밤새도록 계속된 사투 끝에 지칠 대로 지친 두 당사자는 마침내 입을 열어 말을 한다. 야곱은 상대에게 '축복'을 요구한다(26절). 그가 요구한 축복의 내용이 무엇인지는 분명치 않다. 지금까지 한평생 '복'을 쟁취하기 위해 살아왔던 야곱을 떠올리면, 이처럼 절박한 상황에서도 또 다른 복을 원했을지도 모른다. 아마 그 낯선 대적자가 지녔던 힘을 바랐는지도 모른다. 그 힘으로 에서와 그의 사백 인을 만나려고 했을까? 아니면 불확실성과 두려움으로 가득 찬 미래를 앞두고 '안전'이라는 복을 요구하지 않았을까?

그가 무슨 의미로 축복을 원했는지 모른다고 하더라도, 우리는 한 낯선 사람의 대답을 통해 야곱이 반드시 받아야 할 '진정한 복'에 대해 들을 수 있다(27~28절). 야곱에게 필요한 복은 '새로운 이름'이었고 '새로운 정체성'을 갖는 일이었다. 성례전 적으로 말한다면, 그는 새롭게 태어나야 했다. 세례를 받아야 만 했다.

옛 사람(old Adam)은 죽고 새로운 사람(new Adam)으로 다시 태어나야 한다. 지금껏 야곱이라는 이름으로 살아온 그는 위로 부터 태어나야 했다. 옛 정체성을 가리키는 '협잡꾼' '술수를 부리는 자' '움켜잡는 자'였던 그의 이름이 이제 약속의 땅에 들어 가기 전에 새 이름으로 개명해야 하는 것이다. 야곱에서 이스 라엘로!

고유명사 '이스라엘(ישראל)'의 어원적 의미는 구구한 해석이 가능하다. '하나님이 다스리시다' '하나님이 이겨 내다' '하나님 께서 끝까지 견디어 내다' '하나님께서 다투시다' 등. 그러나 본 문은 이스라엘이라는 이름의 뜻을 독특하게 "네가 하나님과 사 람들에게 끝까지 달라붙어 다투어 이겼기 때문이다"라고 설명 한다.

이스라엘이라는 이름의 중요성은 그가 하나님을 이겼기 때 문이 아니라, 그가 하나님께 '끝까지 달라붙어 다투었기' 때문 이었다. 그는 하나님과 떼려야 뗄 수 없는 밀착된 사이가 되어 있었고, 새로운 존재로서 야곱은 하나님과 씨름하고 사는 존재 가 되었다.

다시 우리가 던진 질문으로 돌아가 보자. 이 씨름에서 누가 승리자인가? 진정한 의미에서 이 씨름은 야곱의 완벽한 승리였고, 동시에 그 낯선 사람에게 있어서도 완벽한 승리였다. 어떻게 이것이 가능한가? 프레더릭 비크너는 이 본문 설교에서 이 사실을 다음과 같이 설명한다.

야곱은 밤새도록 진행된 목숨을 건 싸움에서 점점 이긴다. 그리고 마지막 순간에 그는 낯선 사람을 압도하여 승리를 거둔다. 다른 사람이 볼 때도 그렇거니와 스스로 생각해도 이 싸움은 자신의 완벽한 승리라고 확신하게 되는데, 바로 그 순간 그는 낯선 사람에 의해 치명적인 일격을 당한다. 환도뼈가 탈골되는 일격을 당한 것이다. 그는 그 자리에 고꾸라지고, 낯선 사람에게 매달려 간절하게 복을 '구걸'한다. 간교함의 힘이나 의지의 힘으로 소유할 수 있는 복이 아니라 오직 선물로서 주어지는 복을 간구한다. 그는 지금까지 한 번도 복을 구걸해 본 일이 없었다. 항상 복은 빼앗은 것이었고, 버는 것이었으며, 쟁취해야 한다고 생각했다. 그에게 복은 선물로 주어진다는 것을 한 번도 생각한 적이 없었다. 낯선 사람에 의해 일격을 당해 쓰러지는 순간, 비로소 그의 패배가 '완벽한 패배'인 것을 알게 된다. 다시 말해 완벽한 승리를 경험한 자만이 완벽한 패배가 무엇인지를 아는 법이다. 완벽하게 패배한 자에게 주어지는 '은혜'를 온몸으로 깨닫게 된다.

비크너는 이러한 패배를 '장엄한 패배(The Magnificent Defeat)'라고 부른다. 이 패배가 장엄하고 위대한 이유는 그가 새로운 이름, 새로운 정체성을 얻게 되었기 때문이고, 동시에 야곱/이스라엘의 몸에는 바울에게 그리스도의 흔적(stigma, 갈 6:17)처럼 하나님의 흔적인 '새로운 절뚝거림'을 지니게 되었다. 한평생 계속되는 하나님의 흔적, 하나님의 은혜 흔적을 그의 몸속 깊숙이 각인시킨 것이다.

비크너는 그의 설교 마지막 부분에서, 동터 오는 새벽길을 절름거리면서 걷는 야곱/이스라엘의 모습 속에 나사렛 예수의 모습을 기억하라고 독자에게 권면한다. "나사렛 예수를 기억하십시오. 무덤에서 나와 그의 상한 다리로 절름거리면서 '부활'을 향해 걸어가는 나사렛 예수를 기억하십시오. 그의 몸에 승리 자체인 패배의 자랑스러운 훈장을 가진 나사렛 예수를 기억하십시오. 하나님의 손에 의한 인간 영혼의 '장엄한 패배'를 그의 몸 안에 자랑스러운 기장(記章)으로 달고 있는 저 나사렛 예수를 기억하십시오."

야곱이 하나님과의 씨름에서 승리와 패배를 동시에 경험하게 된 것에 대해 칼빈은 매우 독특한 은유인 '하나님의 오른손과 왼손'이라고 설명한다. 칼빈은 얍복 나루에서 야곱이 낯선 사람과 밤새도록 씨름한 사건은 하나님께서 그의 신실한 백성들을 연단하시는 방식이며, 교훈을 보여 주고 있다고 했다.

하나님은 종종 대적자로 나타나셔서 우리를 단련하신다. 우리가 하나님과 싸울 때는 하나님이 주시는 힘으로, 하나님이 주시는 무기로 싸운다. 우리에게 싸움을 걸어오는 동시에 우리에게 저항할 수 있는 방편을 공급해 주시는 하나님은 우리를 '대항하여' 싸우시는 동시에 우리를 '위하여' 싸우신다.

한 손으로는 우리를 공격하시고 다른 한 손으로는 우리를 보호하시고 방어하시는 그분은 '왼손'으로 우리를 대항하여 싸우시고 '오른손'으로는 우리를 위하여 싸우시는 분이다.

우리를 다루시는 이중적인 방식 안에서 우리를 대항하실 때 하나님은 약해 보이신다. 약해 보이시는 이유는 우리 안에서 우리를 정복하시기 위함이다. 하나님이 우리의 신앙에 승리를 허락하심으로써 우리를 대적하는 능력보다 더 강한 힘으로 우리 안에서 강력해지시는 분이다. 이는 야곱이 위대한 패배를 통해 진정한 승리(이스라엘)를 '선물'로 하사(下賜)받은 의미이다.

이스라엘에 새로운 날이 밝아 오기 시작한 것이다. 하나님의 얼굴을 보았던 야곱이었으나 죽지 않고 살게 되는 신비로운 경험을 하게 된다. 살아 있으되 새로운 방식의 삶, 새로운 절름거림의 인생을 살게 된 것이다. 새로운 힘과 새로운 약함이 공존하는 새로운 존재의 삶이 시작되었다.

야곱이 이를 경험한 장소는 더는 두려움의 얍복 나루가 아니었다. 그는 그곳을 가리켜 '하나님의 얼굴'이라는 뜻의 '브니엘'이라 명명한다. "내가 하나님을 대면하여 보았으나 생명이 보존되었다."라고 야곱/이스라엘이 외친다.

브루그만(Brueggemann)은 이 사실을 통찰력 있게 잘 표현했다. "이제야 야곱은 '여호와께서 과연 여기 계시거늘!(창 28:16)'과 같은 외침을 결코 가볍게 여겨서는 안 된다는 사실을 깨닫는다. 그 외침은 기쁨의 이유이면서 동시에 두려움의 이유였다." 이렇게 해서 벧엘과 브니엘은 서로 포옹하게 되었다.

"얍복 강가에서 밤새도록 힘을 다해 싸웠던 야곱의 마지막 모습을 기억하십니까? 큰불처럼 환하게 타오르는 동녘 하늘을 배경으로 절뚝거리며 고향으로 돌아가는 그의 모습을 기억하십시오."(창 32:31)

죽음과 사투를 벌이며 싸운 예수의 마지막 모습을 기억하는가? 상한 발을 딛고 휘청거리며 무덤에서 나와 부활로 걸어가는 그분을 기억해야 한다. 그분의 몸에는 패배의 자랑스러운 훈장이 새겨져 있으나 그것은 승리였다. 인간의 영혼이 하나님의 손에서 받은 찬란한 패배이기도 하다.

이드로의 보편적 지혜

"자네가 하는 일이 그리 좋지는 않네. 이렇게 하다가는,
자네뿐만 아니라 자네와 함께 있는 이 백성도 아주 지치고 말 걸세."
출 18:17~18

국정을 이끌어 갈 역량이 있는 자는 누구인가? 나라와 국가를 올바로 인도할 지도자는 어떤 역량을 갖추어야 하나? 기독교인이어야 할까? 불자는 어떠한가? 무종교인은 국가 지도자는 될 수 없을까? 혹시 성경에는 국가나 사회를 이끌어 갈 지도자에 관한 내용이 있는가? 아마 무수히 많을 것이다. 그중 한 에피소드가 떠오른다.

모세는 이스라엘 민족의 위대한 영도자였다. 고대 이집트 문물을 습득하고 학문을 깊이 했으며 학식도 출중하고, 당대 최고의 문명을 자랑하던 이집트 왕궁 출신이 아니던가? 왕궁에서 정치적 감각과 수완을 익혔을 것임이 틀림없다. 요즘 말로 법학전문대학원 출신의 율사일 수도 있겠다.

그러나 그것이 전부는 아니었다. 그가 호렙산 자락에서 양 떼를 돌보고 있을 때, 하나님께서 찾아와 고난받는 이스라엘 민족의 구원자가 될 것을 요청하면서 그의 인생은 달라진다.

그때까지 삶의 훈련장에서 수많은 인생 경험을 치러 낸 밑바탕을 가졌던 모세, 이를 귀하게 여긴 하나님은 민족의 영도자로 세우신다. 어찌 보면 모세는 하나님이 준비한 지도자였다.

그런 그가 속박과 압제의 땅 이집트에서 이스라엘 민족을 구출했지만, 곧이어 이스라엘은 지난한 광야 생활로 접어든다. 지도력이 시험대에 오르게 되었고, 먹고 마시는 문제로 이스라엘의 원망은 하늘을 찔렀다. 왜 광야로 끌고 나와 죽게 하느냐는 것이었다. 그렇지. 민중에겐 언제나 먹고사는 문제가 가장 큰 관심사였다. 이른바 경제 문제이다!

자유, 평등, 질서, 공정, 공존과 같은 고상한 가치는 언제나 먹고사는 일이 해결된 후의 일이었다. 하기야 다 살자는 일이 아닌가? 그러나 어떻게 사는 것이 인간답게 사는 것인가. 개나 돼지처럼 배부르면 만족한다면 스스로 인간성을 말살하고 마소(馬牛)가 되겠다는 것일 테다.

좀 더 세밀하게 생각하자면, 사람 사는 데 발생하는 문제는 백 퍼센트 '이익' 때문이리라. 자기에게 더 유리하면 만족하지만 그렇지 않으면 분쟁이 생긴다. 모든 인간사가 다 그렇겠지만 말이다. 분쟁, 소송, 다툼, 싸움, 갈등의 근저에는 '뜯어 먹을 것'이 있다는 얘기이다.

동물의 왕국에는 먹을 것 주위를 배회하거나 잠복해 있는 무시무시한 포식 동물들이 있다. 사자든 하이에나든 주인의 상에서 떨어지는 전리품 부스러기라도 얻으러 몰려드는 자그마한 육식 짐승과 독수리 떼들이 무수히 많다. 아마 대한민국 정치판에 가장 많지 않을까! 그들의 목적은 뜯어먹고 배부르고 거나하게 취하고 한두 번 호탕하게 포효하고 거들먹거리며 폭력적 권세를 휘두르는 데 있다. 사람의 탈을 쓴 짐승이지 사람은 아니다!

사회와 국가의 지도자는 사람 사이의 분쟁과 지역과 집단 간의 갈등과 세대 간의 불통 원인을 파악하고 적절한 처방을 제시함으로 본질적 해소를 추구할 뿐 아니라, 국가와 사회가 나아가야 할 방향과 비전을 제시하고 추진력 있게 이끌어 가야 한다.

모세는 적어도 이런 일을 행하는 데 적임자였다. 그러나 여러 측면에서 한계를 느낀 그에게는 개인 체력은 말할 것도 없고, 그가 알던 세상은 아날로그 세상이었다. 모든 것을 혼자 일일이 다 챙기는 스타일이었고, 그렇게 해야 한다는 강박관념도 있었다. 어찌 보면 그는 체계적이지도 조직적이지도 못했다. 요즘 말로 조직과 팀과 동역이란 개념을 잘 몰랐던 듯하다.

그에게 조언을 준 인물이 나타났다. 다름 아닌 장인 이드로 선생이었다. 그는 모세가 믿던 여호와를 신봉하지 않았으며, 그저 이방 부족의 제사장이었을 뿐이었다. 다만 하늘의 신을 섬긴 사람이기도 했다. 그 신이 정확하게 기독교의 신과 일치하는 것은 아니었다.

그렇다고 그가 모세에게 던진 조언은 천지 기운을 언급하는 무지몽매한 무속인의 조언은 아니었다. 그의 말에는 '보편적 지혜'가 있었다. 신학적 용어로 '일반은총'에 해당하는 조언이었다.

온종일 백성들 간의 송사 문제 해결에 시달리는 사위 모세를 가까이에서 지켜본 후 이렇게 말하지 않았을까? "사위, 그런 식으로 일을 처리하면 피곤으로 절게 될 거야. 자네뿐 아니라 백성도 마찬가지!" "그럼 어쩌라는 거죠?" "으흠, 자네는 내 말을 잘 듣게나." "장인어른, 말씀해 주십시오. 듣겠습니다."

이렇게 하여 모세의 장인 이드로가 입을 열어 말한다. "자네는 온 백성 가운데서 능력 있는 사람들 곧 하나님을 두려워하며 진실하며 불의한 이익을 미워하는 자를 살펴서 백성 위에 세우라." 나라를 이끌어 갈 지도자의 자격은 능력이 있는 자여야 한다는 것이다. 역량이 있어야 한다. 무슨 역량인가?

첫째, 하늘을 두려워할 줄 알아야 한다. 교만하거나 거만한 인간은 절대 지도자가 되어서는 안 된다는 뜻이리라. 이드로가 말한 '하나님(엘로힘)'은 비록 기독교의 하나님이 아니더라도, 그가 하나님을 불러낸 것은 하늘의 뜻을 받들어 이 땅에 정의와 공의가 실현되도록 하라는 뜻이다.

무엇이 정의며 공의인가? 딱 한 가지만 언급하자면 억울한 일이 없도록 하라는 말이다. 누가 억울한 일을 당하는 피해자인가? 사회적 약자! 힘없는 사람들이다. '돈 없는 자들, 가난한 자들, 과부들, 고아들, 나그네들, 외국인 노동자들'이 그들이다. 억울한 일을 당해도 마땅히 호소할 곳이 없던 그들이었다. 왜? 당시 사법기관이 한결같이 부패했기 때문이었다. 돈을 받아 처먹고 정의를 굽게 한 자들이 판사복과 검사복을 입고 있었다.

강력한 권력 카르텔을 형성하였기에 자기들끼리 절대로 건드리지 않는 포악스러운 포식 동물들이었다. 이드로는 이런 말을 덧붙였다. '불의한 이익을 미워하는 믿을 만한 사람'을 지도자로 뽑아야 한다고. 권력을 이용하여 불의한 이익을 추구하는 개돼지만도 못한 법 기술자들을 염두에 둔 날카로운 조언이었다.

이드로가 모세에게 조언한 지도자급 인사의 자격은 사회적, 영적, 도덕적 자질을 가진 판관(사사)이었다. 지도력의 '사회성'이란 불의한 이익을 추구하는 자들을 배척하고 사회적 약자들을 보호한다는 뜻이고, 지도력이 '영적'이라는 것은 하늘의 뜻을 떠받들어 정의와 공의로 세상을 이끌어 간다는 뜻이다. 지도력의 '도덕성'은 민중에게 신뢰를 주는 진실함과 믿음성을 뜻하고, 이런 지도자의 특성은 "지혜와 분별력과 경험"(신 1:13)으로 환치될 수 있는 자질이다.

모세는 특별은총에 관해 탁월한 이해를 지닌 지도자였으나, 지혜와 분별력과 경험 같은 보편적 은총(일반은총)에 대한 눈이 더 열려야 했고, 이 약점을 보완해 준 사람이 장인 이드로였다. 그로부터 우리는 '보편적 지혜'를 배울 수 있다.

　　우리가 국가 지도자를 뽑는 시점이라면 그리스도인은 누가 좀 더 지혜와 판단력과 경험이 있는 자인지, 누가 사회적 약자에 귀를 기울이며 공의롭고 정의로운 사회를 구현하는 일에 추진력을 가진 사람인지 기도하고 곰곰이 따져 봐야 하리라. 결국 지도자는 역량(capability) 문제이다!

　　아마 이드로의 보편적 지혜 사상은 유교에서 말하는 경천애인(敬天愛人, 하늘을 두려워하고 사람을 사랑하라.) 사상과 그리 다르지 않다. 어렸을 적 덮어놓고 외웠던, '하늘 두려운 줄 알고 살라.'는 맹자의 가르침이 새삼 이드로의 하늘 공경(恭敬, 두려움, 경외) 사상과 맞닿은 듯하다. 맹자 가로되, 하늘에 순응하는 자는 살고, 하늘을 거역하는 자는 망한다(順天者存, 逆天者亡).

누구를 위한 최상의 것인가?

"너는 염소 새끼를 그 어미의 젖으로 삶아서는 안 된다."

출 23:19; 34:26; 신 14:21

한 해 동안 농부는 마음을 쓰며 애태우다 보니, 첫 작물을 수확하게 될 때의 기쁨은 이루 말할 수 없다. 배 아파 나은 자식처럼 이리 보고 저리 보면서 신기해하고 기뻐한다. 같이 수고한 가족이 그렇게 고마울 수가 없다.

수없이 낙방한 끝에 들어간 회사에서 첫 월급을 받는다. 대기업은 아니지만 눈물 날 지경이다. 지난 세월이 주마등처럼 스쳐 가고, 용기를 잃지 말라며 격려하고 기도한 부모님 얼굴이 떠오르자 눈물이 고인다.

첫 수확, 첫 곡식, 첫 월급, 첫 직장, 첫사랑, 심지어 첫 자녀 등등 '첫 것'은 다른 어떤 것보다 소중하다. 그리스도인은 노력의 대가로 얻은 첫 것이 자기에게서 나온 것이 아니라는 점을 잘 안다. 이른바 하나님 덕분이다. 하나님의 은혜 때문이다. 그래서 첫 것 중에서 가장 좋은 것을 하나님께 드린다. 신자라면 여기까지 고개를 끄덕이며 동의하겠지만, 그런데 드리는 방식, 예배하는 방식은 어떠한가?

주위에 어떤 사람들이 이렇게 말하는 소리를 들었다. "하나님은 채소나 곡물로 드리는 제사도 좋아하시지만, 육류로 드리는 제사도 좋아하시잖아!" 듣고 보니 맞는 말이었다. '그럼 최상의 육류 고기로 드려야지!'라는 마음으로 육질이 좋고 연한 고기를 드리고 싶었다. "연한 고기는 역시 영(young) 해야지. 영계(young계鷄) 말이야! 새끼 염소면 최고겠지." "근데 고기는 푹 삶아야 하나? 수육을 보라고, 끓는 물에 푹 삶아야 하잖아!"

초신자였지만 하나님께 고마운 마음만은 하늘을 찔렀다. 하지만 교회 가방끈이 짧았던 이유로 최상의 제사를 지내는 법은 잘 몰랐던 그는 무속 종교를 믿는 친한 이웃에게 어떻게 제사를 지내냐고 물었다. 이웃이 "맹물을 끓이는 것보다 뽀얀 물에 삶으면 고기의 육질이 부드럽게 될 겁니다!"라고 하는 것이 아닌가. "어떻게 뽀얀 국물을 냅니까?" "아하, 그거 말입니다." "그게 뭔데요?" "어허, 성질도 급하시네. 이렇게 염소를 삶아 보세요. 우리 종교에서는 종종 이렇게 합니다. 고기 맛도 좋고, 고기 육질로 부드럽고 아주 연해요." "어떻게요?" "염소 새끼를 그 어미 염소의 젖으로 푹 삶으세요. 그러면 뽀얀 물에서 고기는 아주 부드럽고 연해질 것입니다. 그 맛은 일품일 겁니다."

처음 그 말을 들었을 땐 소름이 끼치고 혐오스러웠다. 아니 염소 새끼를 그 어미의 젖으로 삶는다고? 토할 것 같았고, 생각만 해도 끔찍하고 잔인하게 느껴졌다. 아무리 동물이라도 그렇지 어떻게 그럴 수 있을까? 게다가 가까운 이웃의 이교 풍습이 마음에 걸렸다. 그런데 그렇게 해서라도 최상의 제물을 하나님께 바칠 수만 있다면, 그게 더 신앙적 행위 같았다. 심지어 교회 안에 몇몇 목사님에게 물어도 어찌 되었든 최상의 것을 하나님께 드리는 게 마땅하다고 했다. 나중에 알고 보니 그게 아닌데 말이다! 아휴, 그 인간 밑에서 신앙생활을 했다는 것이 창피스럽다.

어쨌든 고민하던 차에 출애굽기 23장 19절을 읽게 되었고, 두 문장을 단숨에 한 문장으로 읽으라는 소리가 들려왔다. "너희 밭에서 난 만물 중에서 제일 좋은 것을 너희 하나님 여호와의 집으로 가져와 드려야 한다. 또 새끼 염소를 그 어미의 젖으로 삶아도 안 된다."

첫 번째 문장은 백 퍼센트 맞는 말씀이고 전적으로 동의한다. 올바로 예배하는 방식이고, 최고의 감사를 담아드리라는 말씀이다. 그래서 큰 소리로 '아멘' 했으나 두 번째 문장은 잘못 예배하는 사람에게 찌르는 말씀이었다. 모로 가도 서울로만 가면 된다는 생각이거나 자기 방식대로 최상의 것을 드리겠다는 생각이 위험천만이었다. 게다가 그런 생각을 부추기는 나쁜 사람들도 문제. 최상의 것을 드리고 싶다면 합당한 방식으로 드리시길!

가벼워진 하나님

"하나님의 언약궤를 모셔 오자. 그것을 우리 가운데 모시면
적군의 손에서 우리를 구해 내실 것이다."

삼상 4:3

하나님이 솜털처럼 가벼워진 시대이다. 종교와 신앙이 그
리스도인의 삶의 변방으로 밀려난 지 오래되었다. 하나님에
대한 종교적 언사는 사방에 넘쳐 나지만, 하나님을 진중하게
받아들이는 사람은 희귀하다. 하나님을 손쉽게 여기거나 가벼
이 여기는 풍조는 그분의 말씀에 대한 태도에서도 찾아볼 수
있다.

설교자들은 시도 때도 없이 말씀의 중요성을 말하지만 정작
설교자나 듣는 교인들이 말씀의 무게감에 압도되어 말씀의 발
화자이며 말씀 자체이신 그분께 머리를 조아리고 엎드려 경배
하는 일은 찾아보기 드물다. 경건 생활의 찌꺼기처럼 남은 종
교 예식을 통해 하나님을 자기중심적으로, 자기 편의적으로 바
꾸는 행태일 뿐이다.

예배는 하나님의 무게를 경험하는 종교적 시간과 공간에서
이뤄진다. 구약에서 구름이 성막 위를 덮는 형태로 하나님의

임재를 가리켜 '하나님의 영광'이라 했고, '영광(카보드)'은 신적 무게감에 압도되어 허리 굽혀 경배하는 전 과정을 가리킨다. 전능자 하나님이 보잘것없는 인간을 만날 때, 소름 돋는 거룩한 두려움으로 그분의 말씀에 귀를 기울이게 된다. 이것을 신약에서 '영과 진리' 안에서 하나님을 예배한다고 했다.

예배하면서 사람이 취하는 가장 위험하고 잘못된 태도는 하나님에 대한 미신적 이해이다. 하나님을 물건처럼 마음대로 조작하거나 가볍게 여기는 태도이다. 예배가 '가벼운 수레(輕)'가 되어 소리는 요란하나 담긴 것이 없다.

엘리-사무엘 시대의 에피소드가 이 경우를 드러낸다. 엘리 제사장 아래 이스라엘의 종교는 여간 타락한 것이 아니었다. 제도화된 종교 시스템 아래 엘리와 그를 이어 제사장 노릇을 하는 두 아들 홉니와 비느하스는 영혼 없는 종교 사기꾼의 전형이었다. 종교 권력을 극대화하여 개인적 이득을 취했으며, 성전 제의를 자기 편의적으로 좌지우지하였다.

그들의 악행을 보다 못한 하나님은 이방 세력인 블레셋인을 들어 이스라엘의 부패한 종교를 척결하고 엘리 가문을 끝장내려고 하셨다(삼상 2:27~26; 3:10~14). 첫 전쟁에서 이스라엘은 4천 명의 군사를 잃고 대패한다(삼상 4:2). 도무지 상상할 수 없는 패전이었다.

패전을 도무지 받아들일 수 없었던 이스라엘의 지도급 인사들(장로)은 그 원인을 살펴보는 대신 "여호와의 언약궤를 실로에서 우리에게로 가져다가 우리 중에 있게 하여 그것으로 우리를 우리 원수의 손에서 구원하게 하자."(삼상 4:3)라고 한다. 전투 대열에 여호와의 언약궤를 모시면 전쟁에서 승리할 수 있다는 얘기였다.

성소에 있던 언약궤를 전쟁의 한복판, 진지(陣地, camp) 가운데 모셔 오겠다는 발상이었다. 그렇다면 언약궤에 대해 미신적이다. 언약궤를 조작하거나 조절하면 전쟁에서 이길 수 있다고 하지 않는가. 이 정도라면 이스라엘의 지도자급 인사인 장로들, 유지들, 원로들, 제사장들의 머릿속에 어떤 생각이 자리 잡았는지를 상상할 수 있을 것이다. 소위 장로들의 '언약궤 신학'은 하루아침에 생긴 것이 아니다. 언약궤에 대해 잘못된 인식이 있었음이 틀림없다.

누구로부터 배웠을까? 대답은 분명하다. 반성 없는 전통 신학, 그런 신학을 미신적으로 가르친 제사장들이 뒤에 있었다. 자기들을 위한 신으로 하나님이 남아 있기를 바랐고, 그런 바람은 전통이란 테두리 안에서 고착화되었다. 감히 그런 잘못된 신학을 '아니오!'라고 말하기 어려웠다. 훗날 참 예언자들이 하나님의 강력한 '아니오!'를 외치긴 했지만, 그 당시에도 '카톡교' '유튜브교' '카더라 신학'이 강력한 영향력을 미치고 있었던 듯하다.

전투 대열을 가다듬은 이스라엘 진영(陣營)에 여호와의 언약궤가 들어온 후, 블레셋과의 전투는 어떻게 되었을까? 대승? 최악의 대패였다. 이스라엘 보병의 고꾸라진 자가 3만 명, 여호와의 언약궤 없이 싸울 때 이스라엘의 전사자는 4천 명이었다. 더구나 여호와의 언약궤가 있는데도 이스라엘의 전사자는 3만 명이었다. 그들의 전통 신학으로는 도무지 이해할 수 없는 결과였다.

이제 그 전통 신학, 교조주의적 신학, 인본주의적 신학, 편의주의적 신학, 자기중심적 신학은 해체되어야 한다. 그렇지 않고서는 하나님은 계속 무시될 것이요, 하나님의 이름이 수치와 모욕을 당한다.

사무엘상의 오래된 이 전쟁 이야기는 이스라엘의 역사 기록만을 위한 것이 아니다. 오늘날 그리스도교 공동체 구성원에게, 그들의 지도자에게, 덮어놓고 지도자들의 가르침을 따르는 평신도에게 확성기로 말씀하시는 '하나님의 말씀'이다. "나를 가볍게 대하지 말라!" "나를 조작하려 들지 말라!" "나를 손쉽게 생각하지 말라!" "나는 경배를 독점적으로 요구하는 하나님이다!" "나는 너희에게 매우 불편한 신이다!" "네가 나에게 맞추어야지 내가 너에게 맞추는 하나님이 아니다!" "네가 통제하고 조작하려는 신은 내가 아니라 우상이다!"

우리의 기도는 이렇다. "하나님의 이름이 하늘에서처럼 이 땅에서도 거룩히 존귀하게 여김을 받기를 소원합니다. 하나님의 온전한 다스림이 하늘에서처럼 이 땅에서도 임하기를 간절히 소원합니다. 죄로 인하여 더러워진 이 세상을 깨끗하게 회복하시려는 하나님의 뜻이! 하늘에서처럼 이 땅에서도 속히 이루어지기를 기도합니다. 아멘."

벧세메스 사람들의 불행

"벳세메스 사람들이 주님의 언약궤 속을 들여다보았기 때문에."

삼상 6:19

이스라엘에게 여호와의 법궤는 자존심이고 정체성, 영예였다. 성막이든 성소든 성전이든 그 중앙에 여호와의 법궤가 있었다. 여호와의 법궤가 없는 성막은 상상할 수 없다. 그런 여호와의 법궤를 이방인 블레셋인에게 빼앗겼으니 이스라엘엔 여간 수치와 굴욕이 아닐 수 없었다.

엎치락뒤치락하는 사이 블레셋인에게 빼앗겼던 여호와의 법궤가 마침내 이스라엘 영토(벧세메스)로 귀환하는데, 그 내막은 이렇다. 블레셋인은 더는 여호와의 법궤를 자기 영토 안에 가둬 놓을 수 없게 되었다. 이해 불가능한 불행이 계속해서 그들을 덮치게 되었기 때문이다.

블레셋인이 신앙하는 다곤 신전에 탈취한 여호와의 법궤를 두었는데, 이틀 연속 이른 아침에 기괴한 일이 다곤 신전에서 벌어졌다. 블레셋인의 다곤 신상이 여호와의 궤 앞에 머리와 두 손목이 끊어진 채 고꾸라져 있는 기이하고 음습한 사건이었다. 두려운 블레셋인들이 여호와의 법궤를 이스라엘에 돌려주기로 작정한다. 이렇게 해서 여호와의 법궤가 이스라엘 진영(벧세메스)으로 돌아오게 된 것이다.

여호와의 법궤가 이스라엘 땅에 돌아오자 벧세메스 사람들은 크게 기뻤다. 적국 블레셋인에게 빼앗긴 여호와의 법궤를 되찾았으니 얼마나 기뻤겠는가? 그런데 그 와중에 충격적인 사건이 벌어진다. "벧세메스 사람들이 여호와의 궤를 들여다본 까닭에 여호와께서 그들을 치사 (오만) 칠십 명을 죽이신지라. 여호와께서 백성을 쳐서 크게 살육하셨으므로 백성이 슬피 울었더라."(삼상 6:19) 모든 일이 순조롭게 진행되던 중 예상치 못한 돌발 사건이 터지고 말았다.

성경을 자세히 읽은 사람은 사무엘하 6장에 등장하는 비극의 웃사 이야기와 흡사하다고 기억할 것이다. "여호와의 언약궤를 실은 수레가 나곤의 타작마당에 이르러서는 소들이 뛰므로 웃사가 하나님의 궤를 붙들었더니 여호와 하나님이 웃사가 잘못함으로 말미암아 진노하사 그를 그곳에서 치시니 그가 거기서 하나님의 궤 곁에서 죽으니라."(삼하 6:6~7)

모두 여호와의 법궤와 관련된 불행한 사건이다. 두 경우 즐겁고 기쁜 상황에서 일어난 비극이었다. 여호와의 법궤가 원래의 자리인 성소로 돌아가는 예식 중에 벌어졌다. 두 경우 모두 여호와께서 여호와의 법궤를 '보거나 만진' 사람을 죽였다.

도대체 뭐가 잘못된 것인가? 비극적 죽음을 몰고 온 죄의 본질이 무엇인가? 하나님의 판결은 언제나 정의롭고 올바르다면, 하나님의 심판은 임의적이거나 즉흥적이지 않다고 믿는다면, 하나님께 죽음의 책임을 물을 수 없다. 죽어 마땅한 죄를 지은 당사자는 벧세메스 사람과 웃사임에 틀림없고 반드시 그래야만 했다.

그들의 잘못이 본문에 명시되지는 않았지만, 본문에 사용된 그들의 행동의 동기를 통해 유추할 수 있다. 내레이터는 벧세메스 사람들이 여호와의 궤를 들여다보았다고 했는데 '들여다본' 행위에 죽어 마땅한 죄가 있을 것이다. 들여다본 행위의 '동기'가 불순하여 여호와의 진노를 불러일으켰을 것이다. 하나님은 중심과 동기를 살피시고 판단하는 분이다. 이 사건에서 우리는 다음의 영적 진리를 배울 수 있다.

첫째, 하나님을 가볍고 소홀히 여기며, 무례하게 대하는 일이 얼마나 무거운(重) 범죄인지를 기억해야 한다. 거룩하신 하나님을 범접(犯接, 가까이 범하여 접촉함, transgression)하는 것이 무섭고 무서운 죄라는 말이다. 구약 '제의법(특별히, 성결법)'의 핵심 중 하나는 거룩하신 하나님께 사람이 '함부로' 가까이 가지 못하도록 한다. 일정한 절차(예식)를 따라야 하고, 하나님이 정한 경계를 넘어서면 침입이며 침범이다.

죄는 인간이 하나님을 넘어서는 것이다. 그분이 정해 놓은 선을 넘어 하나님의 신성(神聖)과 위대함을 마음대로 휘젓는 것이 가장 중한 죄이며, 죽음에 처하게 된다. 제의법(祭儀法)은 하나님께 예(禮)를 지키는 목적으로 제정된 제사법이며, 하나님께 나아가는 예가 예배/제의이다. 따라서 제의에서 무례는 예를 지키지 않는다는 말이고, 함부로 하거나 소홀히 하거나 가볍게 취급하는 행위이다.

그리스도인은 예배를 가볍게 여기면 안 된다. 하나님을 경홀히 대하는 것이기 때문이다. 하나님은 자신이 영광받기를, 원하시는 방식대로 사람이 예배하기를 바라신다. 영광은 히브리어에서 '무겁다' '중하다'는 뜻을 포함하고, 예배는 하나님을 무겁게 받아들이고, 가르침을 중하게 여긴다는 뜻이다. 이런 의미에서 예배는 예배자 중심이어서는 안 된다. 예배의 만족도를 사람 중심의 종교적 경험치로 측정한다면 교회는 종교적 예능 프로그램에 쉽게 중독된다.

둘째, 여호와의 법궤를 '들여다보는' 벧세메스 사람들의 행위는 하나님과 법궤를 동일시하는 당시 민속 종교의 마술적 경향을 보여 준다. 중세에 성물 숭배 같은 경향이 아닐까. 오늘날 특정 장소나 시간, 혹은 특정한 경험과 사건을 하나님의 임재와 동일시하려는 것이 이에 해당할지도 모른다. 특정한 종교적 기물에 무슨 신비한 힘이 내재되어 있을지 모른다는 생각 말이다. 거꾸로 말해, 대중의 마술적 경향을 조종하거나 통제/조작하여 자신의 이익을 추구하려는 종교 전문인을 조심해야 한다. 예를 들어, 축도하는 열 손가락 사이로 신비한 힘이 나간다는 둥 암시하는 것을 말한다. 이는 궁극적으로 하나님을 조작하고 통제하는 신성모독 행위이기도 하다.

셋째, 두 해석과 겹치기도 하지만, 법궤를 '들여다보는' 행위는 하나님과 거리 두기에 실패한 예이다. 지구가 태양과 일정히 거리 두기에, 인간은 현재 상태로 존속할 수 있다. 태양에 가까우면 타서 죽고, 멀어지면 얼어 죽게 된다. 이처럼 하나님을 호기심의 대상으로 들여다보며 가벼이 여기는 행위는 불꽃 같은 눈으로 쳐다보시는 하나님과의 거리 두기에 실패하여 죽음에 이르게 된다. 반대로 하나님에 대해 무관심하여 '지나쳐 보는' 것 역시 거리 두기에 실패할 수밖에 없다. 빛이신 하나님에게서 멀리 떨어질수록 어둠 속으로 빠져들어 가는 경우이며, 이 역시 죽음으로 가는 길이다.

벧세메스 사람들의 불행은 갑작스레 닥친 것이 아니다. 그들의 신앙관에 내재되어 있는 불경건(不敬虔) 때문이었다. 경건은 초월적이시며 위대하신 하나님 앞에서 우러르고 받드는 마음으로 삼가고 조심해야 하며, 한 걸음 더 나아가 그분을 높이 송축하고 찬양하는 것이다. 불경건이나 경건 모두 하루아침에 쌓이는 것도 아니다. 우리가 지닌 세계관과 신앙관을 되돌아보며(reflecting), 성경의 가르침에 따라 날마다 새롭게 형성(reforming)해 나아가야 한다.

"하나님, 당신을 가볍게 여기는 어리석음을 범하지 않겠습니다. 당신을 높이고 존중하고, 당신의 말씀을 귀중하게 받들겠습니다. 한결같은 마음으로 매일 예를 갖춰 당신을 예배하겠습니다. 나를 불쌍히 여겨 주옵소서. 아멘."

그리스도인의 정의로운 삶

"너희는 공의가 물처럼 흐르게 하고,
정의가 마르지 않는 강처럼 흐르게 하여라."

암 5:24

　　겨울비가 내린 후 강물이 불어 급류를 이루며 흘러 내려가
듯이 정의와 공평이 언약 백성의 삶 속에, 그들의 공동체 속에,
사회 속에 줄기차게 흘러가야만 한다. 여름의 가뭄에도 불구하
고 지속해서 흐르는 사막의 시냇물(wadi)처럼 공의와 정의는 어
떠한 악조건 아래에서도 끊임없이 지속해야 한다. 이러한 삶이
야말로 하나님이 받으시는 예배이다. 그리스도인들에게 삶이
곧 예배이기 때문이다.

레위기가 오경 중앙인 이유

"나는 너희의 하나님이 되려고 너희를 애굽 땅에서 인도하여 낸 여호와다.
내가 거룩하니 너희도 거룩해야 한다."

레 11:45

오경은 창세기와 신명기가 상응하고, 출애굽기와 민수기가 상응한다. 따라서 구약 오경 가운데 레위기는 오경의 중심부다. 레위기가 중앙에 자리 잡은 신학적 이유를 간단하게 말하자면 이러하다.

애굽을 떠난 이스라엘은 기적적으로 홍해를 건넜으나 아득한 광야에 들어서자 막막해진다. 먹고 마시는 문제로 하늘에 불평불만을 쏟아 놓았다. 얼마 후 이스라엘은 시내산 자락에 도착한다. 출애굽기 19장 이야기다. 시내산 자락에 진을 치고 11개월을 지내던 이스라엘은 거기서 하나님의 언약 백성으로서의 정체성을 확립한다.

그들은 시내산 자락에서 십계명을 받고 성막 건축의 명을 받았으며, 시내산 자락에서 성막 건축을 마친다. 그리고 시내산에서 떠날 때가 되는데, 시내산 체류 11개월째 되었을 때였고, 그곳을 떠나 약속의 땅을 향한 광야 여정이 시작된다(민 10:11). 하지만 떠나자마자 다시 먹고 마시는 문제로 불평불만이 시작되더니 민수기 11장에서도 불평불만은 다시 계속된다. 요약하자면 이러하다.

A. 광야에서 불평불만을 쏟아 내며 시내산에 도착한다. (출 19장)
B. 시내산에서 11개월 체류한다.
A. 시내산을 떠나자마자 광야에서 불평불만은 다시 계속된 다. (민 11장)

출애굽기 19장과 민수기 11장 사이에 시내산 자락 체류 기간 11개월이 있다. 달리 말해 시내산 자락에서 11개월 체류하는 동안은 '성막 건립'으로 가득찬 기간이었다. 이렇게 레위기는 오경의 중심으로 자리 잡게 되었고, 이스라엘 백성 가운데 임재(臨在)하시는 거룩한 하나님에 집중하게 하는 책이다.

레위기의 핵심 구절을 뽑으라면 "나는 여호와 너희의 하나님이라. 내가 거룩하니 너희도 몸을 구별하여 거룩하게 하라." (레 11:44)일 것이다. 거룩한 하나님의 거룩한 백성으로 살아야 함을 가르치는 책, 레위기. 이를 위해 레위기는 하나님을 만나는 장소로서의 성막(혹은 회막), 그분을 만나려는 자의 자격(정결, 거룩), 그분을 만나는 방식과 제도(제사장 직분과 각종 제사 제도) 등을 알려 준다. 결론을 내려 보자.

오경(토라)이 우리 그리스도인에게 가르치는 핵심은 '하나님은 거룩하신 분이다. 더러움, 추함, 불결, 오염, 거짓, 불의를 싫어하시고 혐오하신다.'이다. 그러니 우리가 하나님의 백성이라고 한다면 부디 하나님의 명예를 더럽히지 말자. 더럽고 추하게 살지 말자. 거짓되게 살지 말자. 예수 이름 팔아 우리 배를 채우지 말자. 부디 깨끗하게 살자. 공동체에 질서와 아름다움을 더하자. 나 혼자 사는 것이 아니다. 우리 욕심만 차리지 말자. 다른 사람을 돌아보자. 보듬고 살피고 함께 살자. 하나님을 사랑한다면 먼저 네 이웃을 사랑하자. 누가 이웃인가? 가난한 자, 고아, 과부, 외국인 노동자(나그네)들에게 이웃이 되자.

거룩은 성경책을 모양 나게 옆에 끼고 다니라는 것도 아니고, '주여! 삼창'을 열정적으로 외치라는 것도 아니다. 겉과 속이 달라서 되겠는가? 자기만이 정통 신학이라고 주장하면서 다른 사람을 함부로 조지고 비난하고 그러면 못 쓴다. 한마디로 종교적 위선은 그만! 하나님을 두려워하고 경외하라. 일상의 삶 속에 하나님의 거룩함이 드러나도록 하라! 뭐, 이런 이야기이다.

"형제자매 여러분, 그러므로 나는 하나님의 자비하심을 힘입어 여러분에게 권합니다. 여러분의 몸을 하나님께서 기뻐하실 거룩한 산 제물로 드리십시오. 이것이 여러분이 드릴 합당한 예배입니다."(롬 12:1)

동물의 왕국, 사람의 왕국

"옛적부터 계신 분이 오셔서, 지극히 높으신 분의 성도들의 권리를
찾아 주셔서, 마침내 성도들이 나라를 되찾았습니다."

단 7:22

발톱 가진 맹수는 발굽 가진 동물을 이긴다. 동물 왕국의 철
칙이고, 따라서 양육강식(弱肉強食)은 짐승 세계에나 통용되는
진리지만 표면적 사실일 뿐 실체적 진실은 아니다. 발굽 가진
동물의 개체 수는 늘지만, 발톱 가진 짐승의 개체 수는 점점 줄
어든다는 놀라운 사실을 아는가? 하물며 인간사는 더욱 그렇
다. 사람은 짐승이 아니다!

이렇게 보면 "행복하여라, 온유한 자여, 당신들이 땅을 차지
하게 될 것이다!"(마 5:5)라는 주님의 말씀은 신기하고 신비롭게
맞는 말씀이다. 하늘은 하나님의 천사들이, 땅은 하나님의 온
유하고 신실한 자들(하시딤)이 차지할 것이다. 약한 자는 영원하
고 강한 자는 잠시일 뿐이다. 왜 그러한가? 자신을 약자의 하나
님으로 드러내신 그분이 계시기 때문이다. 그러므로 짐승의 제
국은 사람(人子)의 왕국을 절대 이길 수 없다(단 7장; 계 17장).

사람아, 내면의 야수성을 내어 쫓고 인성을 회복하라. 귀신

들린 사람 속에 들어있는 악한 짐승의 영을 내어 쫓고 '온전한' 사람으로 회복시킨 축사(逐邪)의 왕, 예수께 나오라(막 1:26). 발굽 가진 동물이 발톱 가진 짐승보다 승(勝)하고, 온유한 사람이 모진 사람을 품어 이길 것이다. 사람의 왕국이 짐승의 왕국을 궁극적으로 승리하게 된다. 더는 교회가 강력한 발톱을 기르고 제국주의적 허세를 부리지 말아야 한다. 교회는 사나운 짐승이 아니라 죽임당한 어린 양이다. 하늘 향해 두 팔 벌린 십자가의 나목(裸木)은 겨울을 견디고 아슬란의 나라에서 영원할 것이다.

돈과 권력을 숭배하는 시대

"그들은 배를 자기네 하나님으로 삼고, 자기네 수치를 영광으로 삼고,
땅의 것만을 생각합니다."

빌 3:19

미국 청년들이 바라는 삶의 목표에 관해 은퇴를 얼마 남기지 않은 미국 듀크대학교의 경제학 교수 토마스 네일로(Thomas H. Naylor)가 이런 말을 남겼다.

6년 동안 나는 듀크 대학교의 경영학부에서 회사 생존 전략에 관한 모든 강의를 다 가르쳤습니다. 학기마다 나는 내 학생들에게 졸업 후 10년간을 위한 개인적인 전략적 계획에 관한 페이퍼를 써오라고 했습니다. 내가 제시한 질문은 '여러분이 어른이 된 후 어떤 사람이 되어 있기를 원하는가?'였습니다. 몇몇 사람을 제외하고는, 학생들이 적어 낸 대답들은 대충 세 가지 범주로 분류될 수 있었습니다. 돈, 권력(힘), 어떤 것들(아주 큰 것들, 예를 들어, 멋진 별장들, 아주 비싼 외제 차들, 요트들과 자가용 비행기 등). - 1990년 6월 6일자, 크리스천 센추리(Christian Century)

30여 년 전의 자료이다. 학생들의 주요 관심사는 앞으로의

경력과 직장과 일, 그리고 재정적인 서류들(통장, 주식, 증권, 부동산 소유 등)에 관한 것들이었다. 그들의 계획에는 가족, 지적 계발, 영적 성장, 사회적 책임감 등에 대한 자리는 없었다. 그들이 교수들에게 요구하는 것은, "돈을 잘 만드는 기계가 되는 법을 가르쳐 주십시오." "우리가 즉시 재정적으로 성공하는데 필요한 방법들, 도구들, 기술들을 가르쳐 주십시오." 등과 같은 것이었다. 그것들 외에 모든 것들은 근본적으로 아무런 상관이 없는 것들, 무의미한 것들이었다.

이것이 예나 지금이나 유명 경영대학원의 MBA 프로그램에서 훈련받고 배출되는 새로운 인종의 출현이었다. 미국만 그런가? 한국은 어떠한가. 더하면 더했지 절대 뒤지지 않을 것이다. 청년이든 중년이든, 소위 생존을 위한 전략이든, 아니면 출세가도를 향한 질주 기술이든, 언제나 경제적 성공! 결국 돈을 궁극적 목표로 한다. 그들은 한 가지 일에만 전념하는 자들이다. 그들의 눈들은 오로지 한 가지 일에만 고정되어 있다. 그들 눈에는 보이는 것이 없다. 오로지 경제적 성공뿐이다. 돈! 돈! 돈!

한국 법조계에 공공연히 회자(膾炙)하는 말 중 전관예우(前官禮遇)라는 게 있다. 전관예우의 끝은 어디를 향하는가? 돈을 거머쥐기 위해서가 아니던가? 아마 틀림없이 그들 중 많은 사람이 교회에 속해 있거나 교인이겠지만… 어쨌든 이 슬프고도 불편한 진실에 교회는 직면해야 한다.

실상 권력 카르텔에 속한 자들은 권력으로 만족하지 않는다. 권력을 이용하여 돈을, 돈이 주는 안락과 사회적 명예를 덤으로 얻기 위해서가 아닌가? 이른바 '50억 클럽'에 대해 비난하면서도 내심 부러워할지도 모른다는 사실이 슬프다.

대중은 더럽고 추잡한 인간들이 우리 사회의 바이러스 같은 존재라는 사실을 모를까? 사회악인 그들 말이다. 알면서도 대수롭지 않게 치부하는 건 뭘까? 바로 이 지점에서 우리 대부분이 심정적 공범일 가능성이 크다. 돈과 권력을 숭상하는 이 시대에서 정상적인 크리스천으로 살아가기가 절대 쉽지 않다는 생각에 이르면 하루에도 수없이 무너져 내린다.

돈과 권력을 탐하는 악습은 악덕 권력자나 일반 비크리스천들에게만 해당하는 것은 아니다. 오히려 한국 교회의 상층부에 있는 다수의 지도자와 개념 없는 일부 목회자들이 앞장서서 세상의 구태를 따라간다는 비통한 현실이다. 종교 권력은 도를 넘은 지 오래되었다. 신의 이름으로 그들이 누리고 싶은 것을 누리고 하나님의 이름으로 종교 사업을 거대하게 육성하기도 한다. 정치와 결탁하고, 우매한 민중의 목소리에 휩쓸리며, 개인적 야망을 거룩한 이름으로 포장하고, 교회 내의 힘 있는 자들과 야합하며, 불의에는 침묵하고, 연약한 양 떼에겐 "모든 게 잘 될 거야. 잘 견디면 되니 잘 참으시오."라는 말로 위로의 말투로 억압하는 종교 행상인들이 거들먹거리니 이 어찌 통탄하지 않을 수 있겠는가.

　우리의 경건한 사도 바울께서 어디선가 말했듯이, 그들은 그리스도 십자가의 원수로 행하는 사람들이다. 그들의 하나님은 배(腹)이며, 그들의 영광은 부끄러움에 있다. 그들의 생각은 땅의 일들이다. 그러므로 그들의 최종은 멸망이라는 사실을 기억해야 할 것이다(빌 3:18~19). 정말 성경이 하나님의 말씀이라고 믿는다면 한국 교회는 정신 차려야 할 때이다.

PART 4

예배하기
전에

주님을 찬양할 수만 가지 이유

"이 백성은 내가 나를 위하여 지었나니 나를 찬송하게 하려 함이니라."
사 43:21

주님의 날, 아침 예배에서 교우들과 함께 〈송축해 내 영혼 (Bless the Lord)〉을 불렀다. 영국 복음송 작사가 매트 래드맨(Matt Redman, 1974년)이 스웨텐 가수이자 복음송 작곡 작사가 요나 마이린(Jonas Myrin)과 함께 지은 찬양곡이다. 2012년에 출원되어 수많은 그리스도인의 사랑을 받아 온 찬양이며, 가사는 마치 히브리 시(시편)를 묵상하듯이 곱씹으며 부르면 좋겠다는 생각이다. 영어 제목은 〈10,000 Reasons (Bless the Lord)〉, 여호와 하나님을 송축해야 할 수만 가지 이유라고 해석된다. 하나님을 송축해야 할 이유는 한도 끝도 없다는 진솔한 고백이다.

#1

동트는 새벽녘과 서산에 해지고 달이 떠오를 때까지, 이 시간을 우리는 '하루'라고 한다. 매일 주어지는 하루는 하늘에서 배달되는 신성한 선물, 하늘 향해 노래하는 마음으로 기지개를 펴면서 일어난다.

그러나 온종일 온갖 일을 겪는다. 지루하고 반복되는 일상, 예상치 못한 상황, 행복감은 사소해지고 힘겨운 삶의 무게가 작은 육체 안으로 밀려든다. 부정맥처럼 심장이 뛰더라도 흔들리지 않고 견디리라. 중천에서 나를 뜨겁게 달군 태양도 저만치 물러가는 저녁이 오리라. 그렇게 집으로 가는 차에 지친 몸을 싣는다. 아침에 잡았던 문고리를 다시 여는 상상만으로 기적이어서 흥얼흥얼 노래한다. 힘겨운 하루를 잘 끝내고 돌아가는 길은 때론 목메이게 한다. 감사할 이유가 충분한 시작과 끝, 그 가운데 동행하신 그분께 수만 가지 감사할 이유가 노래 되어 하늘에 이른다.

해가 뜨고 새날이 밝았습니다.
다시금 당신을 노래할 시간이네요.
내 앞에 어떤 일들이 지나가고
내 앞에 무슨 일들이 가로놓여도
저녁이 오면 난 노래하겠습니다.

#2

잠시 그분을 생각한다. 내가 경험한 그분인지 아닌지, 어떤 분일까? 그분이 먼저 당신이 누구인지 내게 알려 주었고, 그런 그분을 경험했기에 알 수 있었다. 어릴 적에 노랫말로 알기 전

그분이 알려 주셨다. 그렇게 배우기도 했다. 그분이 나에게 알려 주신 이야기가 세상에 가장 거룩한 말이라고 했고, 어릴 적부터 노랫말에서 배운 거룩한 말이었다. 거룩한 말이 무엇인가? 이 말이다.

"예수가 나를 사랑하셨어요. 나는 잘 알고 있어요. 성경이 그렇게 말했거든요. 우리는 약하고 쉽게 허물어지지만, 예수는 힘이 있으시고 강하시죠. 예, 맞아요. 예수는 나를 사랑하시죠. 성경에서 그렇게 말씀하셨죠."(찬송가 563장)

그런데 오래전 하나님의 백성이라 불렸던 이스라엘인들은 하나님이 어떤 분인지를 위대한 지도자 모세를 통해 배우고, 모세 역시 하나님이 어떤 분인지를 아주 값비싸게 배웠다.

모세의 인도로 애굽에서 기적적으로 탈출하여 홍해를 마른 땅같이 건너 아득한 광야에 도착하여 지내던 때, 애굽에서 속박된 삶을 청산하고 자유민이 되어 나왔지만, 그들이 살게 된 곳은 망망한 광야였다. 하나님은 모세를 불렀다. 시내산으로 올라오라는 명이었고, 그분의 깊은 뜻은 이스라엘 백성에게 '토라(가르침, 율법, 십계명)'를 주어 광야 여정에서 길이 되게 하시려 했다.

40일간 모세는 하나님께로 갔다. 그동안 이스라엘 백성은 시내산 자락에 진(陣, camp)을 치고 있었는데, 그들의 구원자며 민족 지도자 모세가 안 보이자 소동하며 혼란에 빠졌다. 민심은 들끓기 시작했다. 그렇게 하여 그들은 금송아지 형상을 만들고, 그 우상이 그들의 광야 여정을 인도해 줄 것이라 믿었다.

　그 사이 시내산에서 하나님께 십계명을 담은 돌판을 받아들고 하산하던 모세는 산 아래 진중에서 일어나는 소요 사태를 목격한다. 화가 머리끝까지 치밀어 오른 모세는 분을 참지 못하고 들고 있던 십계명 돌판을 그들에게 던지고 말았다. 백성에 대한 배신감이 분출된 것이다. 의분(義憤)! 누구를 위한 분노인가? 하나님을 위한 분노인가? 자신의 분노인가? 이야기의 흐름에 따르면 후자였다(출 32~33장).

　어쨌든 이 광경 전체를 목격하고 있었던 또 다른 분, 하나님이었다. 그 사건에 일절 개입하지 않으신 채 그날 저녁 무렵 모세에게 나타나 내일 이른 아침에 돌판을 준비해서 시내산에 올라오라고 하신다. 모세가 던져 깨부순 돌판은 하나님이 준비하신 것이지만, 내일은 모세가 돌을 떠 판을 만들어서 가지고 올라가야 한다.

　다음 날 이른 아침, 모세는 두 돌판(石板)을 들고 낑낑거리며 산 정상에 이른다. 그 순간 시내산은 빽빽한 구름으로 덮였으며, 구름 가운데 하나님께서 나타나 당신의 이름 '여호와'를 선포하신다.

"여호와로다, 여호와로다,

그는 자비롭고(레헴) 은혜로우신(헨) 하나님이시며,

노하기를 더디하고

인자(헤세드)와 진실(에메트)이 많은 하나님이시다!" (출 34:6)

하나님은 '자기 계시(self-revelation)'를 통해 자신이 어떤 신이며 어떤 성품을 가진 하나님인지를 모세에게, 이스라엘 백성들에게, 교회 공동체에게, 그리스도인들에게, 만백성에게 공포하시고 선언하신다. 이 구절은 훗날 이스라엘 백성의 신앙고백이 되었으며, 오늘날 광야 여정에 있는 교회 공동체와 구성원들은 불행했던 옛 조상들의 '옛일'을 기억하며 하나님에 대한 신앙을 새롭게 고백해야 한다. 순례 여정의 시작과 끝, 그 가운데 모든 순간과 시간과 계절에 동행하신 그분께 감사해야 할 수만 가지 이유가 노래 되어 하늘에 이르게 해야 한다.

주님, 당신은 사랑이 풍성하신 분

노하기를 더디 하시는 분이시죠.

당신의 이름은 위대하고

당신의 마음은 긍휼로 가득하십니다.

당신이 보여 주신 모든 선(善)하심을

나는 계속 찬양할 것입니다.

당신을 찬양해야 할 수만 가지 이유 때문이죠.

#3

어느 날 '시간 끝'에 서 있다는 것을 느낀다. 살아갈 날이 살아온 날보다 아주 적게 남았다는 생각이 지워지지 않을 것이다. 새벽녘의 금성(morning star)보다 황혼녘의 그믐달(waning crescent)이 애잔하게 다가올 때, 육체는 쇠약해지고 팔과 다리는 가늘어졌으며, 조금만 달려도 숨이 찬다.

어느 현자가 시들어 가는 육신을 에둘러 풍자했다. "그날이 오면 두 팔은 다리가 후들거리는 수문장같이 되고, 두 다리는 허리가 굽은 군인같이 되고, 이는 맷돌 가는 여인처럼 빠지고, 눈은 일손을 멈추고 창밖을 내다보는 여인들같이 흐려지리라. 거리 쪽으로 난 문이 닫히듯 귀는 먹어 방앗소리 멀어져 가고, 새소리는 들리지 않고 모든 노랫소리도 들리지 않게 되리라. 그래서 언덕으로 오르는 일이 두려워지고 길에 나서는 일조차 겁이 나리라. 머리는 파뿌리가 되고 양기가 떨어져 보약도 소용없이 되리라. 그러다가 영원한 집에 돌아가면 사람들이 거리로 쏟아져 나와 애곡하리라. 은사슬이 끊어지면서 금 그릇이 떨어져 부서진다. 두레박 끈이 끊어지면서 물동이가 깨진다. 그렇게 되면 티끌로 된 몸은 땅에서 왔으니 땅으로 돌아가고 숨은 하나님께 받은 것이니 하나님께로 돌아가리라."(전 12:3~7)

떠나는 배에 오를 사람이 나 홀로라는 사실을 알아차릴 때 어떠할까? 누군가가 부축해서 배에 오를 수도 없다. 떠날 시간이 한밤중 시계추 소리처럼 귀에 쟁쟁하다. 떠날 시간이 아주 낯선 차림의 이방인처럼 다가온다.

우리는 살아온 것처럼 살아가며 그날을 맞이한다. 지금까지 그분의 은혜에 감사하며 용기를 내었다면, 끝날이 다가올 때도 그렇게 할 것이다. 내 영혼이 그분의 한결같은 은혜를 노래하기를 소망한다. 천년만년 영원히 찬송하기를 바란다. 인생 여정의 처음과 끝, 그 가운데 만났던 수많은 순간과 시간과 계절들에 함께 길을 걸어오면서 이끌어 주시고, 격려하시고, 있어야 할 곳까지 나를 올려 주시며 동행하신 그분께 감사해야 할 수만 가지 이유가 노래가 되어 하늘에 이르게 될 것이다.

내 힘이 다하는 그날이 올 때

삶의 끝이 저만치 보이고

떠날 시간이 다가올 때 말입니다.

그래도 내 영혼은 여전히 노래할 거에요.

끝없이 당신을 찬양할 것입니다.

천년 세월 지나도 영원히 노래하렵니다.

 살아생전 숨이 있는 동안, 주님의 이름을 송축하자. 긍휼하심이 많으신 그분, 은혜로우시고 너그러우시고 넉넉하게 호의를 베푸시는 그분, 쉽게 분노하시지 않으시며 인내하시며 기다려 주시는 그분, 한결같으시고 신실하시며 약속을 기억하시고 끝까지 함께하시며 견고한 사랑, 변함없는 사랑, 실패하지 않는 사랑을 보내 주시는 그분, 거짓을 멀리하시고 언제나 진실성과 진정성으로 나를 대해 주시는 그분, 숨이 멎는 날까지 그분을 노래하고 그분이 행하신 일들을 감사하고 그분의 은덕을 높이 찬양하기를 소원한다. 날마다 새 노래로, 영혼의 노래로, 당신의 거룩한 이름을 송축하고 노래하련다. "주님, 우리의 노래와 찬양을 받아 주시옵소서."

내 영혼아, 주님을 송축하자꾸나.

내 영혼아, 주님의 거룩한 이름을 경배하자꾸나.

이전에 없었던 새 노래로 찬양하자꾸나.

주님, 저는 당신의 거룩한 이름을 노래하고 경배할 것입니다.

예배하기 전에

누군가 지나치게 '나'에게 잘못하면 마음 창고에 깊숙이 담아 둔다. 그 미움과 분노의 싹이 자라고 급기야 보복의 화약을 준비한다. 언제든지 기회가 찾아온다면 즉시 응징할 작정이다. 한편 내가 잘못한 일에 대해서는 대수롭지 않게 여기고, 쉽게 잊어버린다. 이것이 보통 사람의 일반적인 습성이다.

그러나 그리스도인이라면 자연인 습성을 벗어야 한다. 자연적 본성에 따라 살지 않고 그리스도께서 심어 주신 새로운 본성에 따라 살아야 한다. 새 구두는 처음에 왠지 어색하고 불편한 듯해도 무슨 일이든 적응하려면 시간이 필요하듯이, 새로운 본성에 적응하려면 시간이 걸린다.

내게 누군가 잘못한 일은 천천히 기억하고 용서하고 잊으려고 해야 한다. 그러나 상대방 마음에 상처나 멍을 들게 했거나 잘못한 일이 있다면 양심의 센서가 예민하게 작동하도록 해야 한다. 자아 성찰(self-reflection)이 중요한 이유이다. 그리스도인들이 기도하는 목적 중 하나는 자아 성찰의 시간을 갖기 위해서이고, 자아 성찰을 통해 자신뿐 아니라 하나님을 생각하게 된다.

특히 자아 성찰을 통해 상대방에게 끼친 잘못이나 상처가 가슴 아프게 떠올라 그냥 지나칠 수 없다면, 그 안에서 일하시는 성령의 열매이다. 성령에 이끌려 깊은 상처를 입힌 상대방에게 잘못을 인정하고 진정한 용서를 구하는 손길을 내밀게 된다. 그에게 내민 손을 고맙게 잡아 주든 매몰차게 거절하든 개의치 말자. 그의 일이다.

그가 거절했다고 하더라도 그리스도인으로서 당신은 시간을 두고 다시 진심으로 다가가 용서를 구하고 서운한 감정을 풀어 주어야 한다. 때론 시간이 걸릴지라도 그리해야 한다. 그리스도 안에서 새로운 피조물이 되었다는 것을 증거하고, 용서를 구함으로써 화해를 이루는 일이다.

이를 염두에 두고 예수는 제자들에게 "하나님께 감사할 일이 있어서 감사 예물을 가지고 교회에서 예배 도중에 너희가 원망을 들을 만큼 누군가에게 잘못한 일이 떠오르면, 그 생각을 무시하려 하거나 그냥 예배나 드리지 않기를 바란다. 그런 예배와 예물은 받으시지 않는다. 하나님은 자녀들이 우애하고 사랑하고 친하게 지내길 바라시고, 서로 다투면서도 하나님께만 잘하면 된다고 여긴다면 좋아하시지 않는다."라고 말씀하신 적이 있다.

달리 말해 일상에서 정의를 실천하지 않고 예배로 모든 것을 때우겠다는 생각일랑 일찌감치 버리라. 이게 정의는 예배로 들어가는 첫 발걸음이라는 말의 본뜻이다. 예배가 하나님을 향한 것이라면 정의는 다른 사람을 향한 것이다. 다른 사람을 향해 정의롭지 못하면서 하나님을 예배한다고 말하는 것은 잘못된 신앙 행태이다.

특히 동료 그리스도인 사이에 화해를 이루지 못하고 하나님과 화해하겠다는 것, 일상에서 잘못을 저지른 내가 상대방에게 용서를 구하지 않으면서, 하나님께 나아와 하나님께 용서를 구하고, 용서를 받았다고 생각한다면, 그건 아니라는 말이다. 먼저 옆으로 사랑하고, 후에 위로 사랑하자. 위로부터 은혜와 평안함이 임할 것이다.

오네시보로를 아십니까?

"주님께서 오네시보로의 집에 자비를 베풀어 주시기를 빕니다.
그는 여러 번 나에게 용기를 북돋아 주었고,
내가 쇠사슬에 매인 것을 부끄러워하지 않았습니다."

딤후 1:16

디모데에게 보낸 바울의 두 번째 편지에는 슬픔과 허탈의 기색이 역력하다. '눈가에 촉촉함을 느끼지 않고' 이 편지를 읽기가 정말 힘들었다고 영국의 저명한 신약학자이며 설교가 핸드리 무울(Handley Moule)이 쓴 적이 있다. 바울이 이 편지를 쓰고 있을 때 감옥에 있었다. 그의 선교 경력이 막바지에 다다랐다. 이미 닻이 내려졌으며 하선할 때에 이르렀고, 이제 배를 갈아타고 또 다른 해안을 향해 가야 할 시간이었다. 작별 인사를 해야 했다.

그는 자신이 처한 상황을 기록했다. "지금 하나님을 위해 내 인생에서 마지막 남은 피 한 방울을 짜내는 것 같다. 떠날 시간이 다가온 것이지. 하나님이 주신 영광스러운 싸움을 싸웠고, 내가 시작한 경주를 마쳤으며, 믿음을 지켰단다. 나는 다가오는 그날, 참된 심판자 주가 주실 의의 화관을 쓸 것이다."(딤후 4:6~8)

이처럼 작별의 슬픔이 더 큰 이유는 복음 때문에 어려움을 당하던 그를 아무도 도우려하지 않았고, 지지하지 않았다는 사실이다. 그들 모두 바울을 저버렸을 뿐 아니라 감옥에 갇혀 있을 때도 아무도 찾아오지 않는다. 너무 슬프고, 배반감, 분노, 허탈과 좌절이 뼛속까지 느껴진다. 예수께 일어난 일들이 그에게 똑같이 일어나고 말았다. 친구들 모두 그를 버리고 도망치고 말았다. 그중에 오직 한 명만이 예외였다. 오네시보로!

바울이 로마에서 가택 연금 상태로 있을 때 사방에 수소문하여 부지런히 그를 찾은 것도 오네시보로였다. 이 집 저 집 문을 두드리면서 바울의 행방을 수소문했다. 자칫 잘못하면 체포되어 구금당할 위험천만한 상황이었으나 찾고 또 찾았다. 마침내 그는 바울이 로마 군인의 감시 아래 가택 연금되어 사슬에 매여 있다는 사실을 알게 된다. 오네시보로는 한 번만 바울을 면회한 것이 아니었다.

바울의 말을 직접 들어보자. "너도 알게 되겠지만 그는 내 마음에 자주 새 힘을 주고 격려해 주었지, 사슬에 묶인 죄수가 된 나를 전혀 부끄러워하지 않았거든."(딤후 1:16) 그는 그렇게 침울해진 바울의 기분을 상쾌하게 해 주었고, 축 처진 어깨를 두드리면서 기운을 북돋아 주었다.

성경은 반복해서 우리에게 오네시보로 같은 신실한 사람들을 소개한다. 물론 한 문장이나 두 문장 정도로 소개하고 있다. 그것이 전부이기에 우리는 그들에 대해 더는 알 수가 없다. 오네시보로의 경우도 디모데후서 1장 15~17절의 정보 외에 그에 대해 알려진 바가 없다.

그에 대한 기록을 들어 보자. "너도 알게 되겠지만 아시아에 있는 사람들 모두 나를 버렸다. 부겔로와 허모게네도 그랬다. 하지만 주가 오네시보로의 집에 자비를 베푸시기를 빈다. 그는 내 마음에 여러 번 새 힘을 주었고, 내가 사슬에 매인 것을 부끄러워하지 아니하였지. 정말 로마에 있을 때 그는 나를 찾으려고 무진장 애를 많이 썼다." 얼마나 아름다운 사람인가.

위로자 오네시보로, 보혜사 오네시보로! 향기로운 사람이지 않는가. 이런 사람이 성자(saint)가 아니고 누가 성자이겠는가. 이런 사람들을 떠올릴 때마다 이런 생각을 해 본다. 왜 교회 이름 가운데 이 사람의 이름을 딴 교회가 없을까? 성 바울 교회, 성 누가 교회, 성 마태 교회, 성 베드로 교회 이름을 가진 교회들이 있지만 그의 이름은 등장하지 않는다.

오네시보로 장로교회, 어떠한가? 아마 우리 신자들은 이 이름을 가진 교회에도 익숙해야 할 것이다. 우리는 그 당시 개종한 이방인 가운데 오직 한 사람 오네시보로만 감옥에 갇혀 있던 바울을 찾아갔다는 사실을 기억해야 한다. 이 사실은 초기 이방인 교회에 대한 충격적인 비판 주석이 아니고 무엇인가.

추신: 오네시보로는 오네시모가 아님.

자연과학자에게 배운 다양성

"모든 일이 서로 협력해서 선을 이룬다는 것을 우리는 압니다."

롬 8:28

한국의 대표 진화생물학자로서 생물학의 대중화를 외치는 최재천 교수는, 종(種)은 한 방향으로만 나가면 결국 사라지게 된다고 했다. 같은 종끼리 부단한 통섭(consillence)을 통해 더 나은 종으로 진화되어야 한다. 이 과정에서 자연스러운 선택(natural selection)도 있고, 돌연변이(mutation)도 일어난다. 어쨌거나 종 안에서 다양성이 존재한다는 것이 그의 주장이다.

여기에서 생물학적 다양성을 넘어 정치, 사회, 문화적 다양성이 인류 생태계에 얼마나 중요한지를 깨닫는다. 누구는 이를 인지생물학이라 부른다. 그렇다면 신학은? 신학이라는 종(種)이 다양성을 인정하지 않을 때 모노크롬으로서 살아남을 수 있을까? 역사를 되짚어 보면 언제나 하나의 신학적 종이 절대 권력을 휘두르지 않았다는 것을 알게 된다. 물론 절대적 우위를 점하기 위해 온갖 노력과 투쟁을 했지만 번번이 실패했다. 오히려 서로 부딪히고 충돌하는 과정에서 자연스러운 선택이든 돌연변이이든 끊임없이 새로운 형태가 등장한다.

거시적으로 말하면, 같은 기독교 종(種) 안에서 동방교회, 서방교회가 생겨나고, 서방교회 전통에 로마 가톨릭과 개신교가 서 있다. 어디 그것만 그러한가? 내가 속한 개신교 역시 개혁교회, 장로교회, 성공회, 루터교, 감리교회, 성결교회, 오순절교회 등등 수많은 신학과 신앙의 종으로 세포 분열했다. 교회는 살아 있는 유기체인 것이다.

다양성은 교파와 교단 차원뿐 아니라 각 지역 교회를 봐도 경상도 출신, 전라도 출신, 충청도 출신, 빈부귀천 따질 것 없이 다양한 사람들이 모인다. 어느 한쪽으로 획일화하면 그 종은 사라지게 마련이다. 생물학자들에게 겸손히 배워야 한다. 존재론적으로 교회는 다양한 종을 내포하고, 인종과 신분과 성별을 있는 그대로 받아들여 공생 공동체(symbiotic community)로 나아가야 한다.

교회 생태계를 관찰하면, 때론 구성원끼리 상호 협력하고 공생하려고 애쓰지만, 때론 갈등하고 충돌한다. 아마 더 나은 종(new humanity)으로 새롭게 거듭나고 발전하리라. 이 과정에서 무엇보다 보이지 않는 손, 이른바 하나님의 섭리를 믿어 의심치 않는다. 아멘.

이름 없는 이름들

"그리스도 예수 안에서 나의 동역자들에게 문안하여 주십시오."

롬 16:3

천천히 이름을 불러 보세요. 당신의 삶 속으로 걸어 들어온 분들, 누구에겐 깊은 사연이 있는 이름입니다.

뵈뵈, 브리스가, 아굴라, 에배네도, 마리아, 안드로니고, 유니아, 암블리아, 우르바노, 스다구, 아벨레, 아리스도불로, 헤로디온, 나깃수, 드루배나, 드루보사, 버시, 루포, 아순그리도, 블레곤, 허메, 바드로바, 허마, 빌롤로고, 율리아, 네레오, 올름바, 디모데, 누기오, 야손, 소시바더, 더디오, 가이오, 에라스도, 구아도. 그리고 이름 없는 수많은 사람들. 이들은 사도 바울이 한 편지에서 언급한 잊을 수 없는 이름들입니다.

정연훈, 김정숙, 조동기, 박정자, 궁수균, 김윤희, 장영재, 이현주, 유병관, 김봉화, 전영호, 이준례, 허방운, 김정윤, 이성일, 여희순, 백송원, 이창옥, 이인순, 김영숙, 정진영, 이순희, 한상미, 이연수, 황봉희, 강혜정, 안용곤, 김경숙, 정공수, 오윤순,

오영옥, 이지목, 이은경, 김경호, 나연숙, 박규희, 장준식, 전여명, 김미선, 김정훈, 손성주 그리고 이 세상을 떠나신 몇몇 분. 이들은 류호준 목사의 목회 여정에서 잊을 수 없는 첫사랑, 그리운 이름입니다.

여러분에게도 잊을 수 없는 사람들이 있죠. 그 이름을 또박또박 백지에 써 보세요. 그리고 성령 안에서 그들을 위해 기도하고 문안하세요.

하나님 나라 하인이 된다는 뜻은?

"누구든 그대들 사이에서 높아지고 싶은 사람은 그대들을 섬기는 자가 되고
으뜸이 되고 싶은 사람은 모든 사람의 종이 되어야 합니다."

막 10:43~44, 병행 본문 마 20:26~27

예루살렘으로 올라가는 길에 예수께서 "나는 예루살렘의
종교 지도자들의 손에 죽으러 간다."라고 하셨다. 놀랍게도 그
말을 전혀 듣지 않았던 것처럼 열혈 형제 제자인 야보고와 요
한이 뻔뻔스럽게 "주의 영광 중에서 우리를 하나는 주의 우편
에, 하나는 좌편에 앉게 하여 주옵소서."라고 한다. 세상에 이
런 인간들이 있나. 상황 판단도 제대로 못하는 얼라들이 아닌
가? 어쩌면 그리 이기적이고 자기중심적일 수 있냐 말이다.

그러자 예수께서 담담하게 "너희 중에 누구든지 큰 자가 되
려거든 먼저 하인/노예가 되어야 하리라."라는 그 유명한 말씀
을 남기셨다. 아마 예수 어록 가운데 가장 유명한 구절일 것이
다. 심지어 지도자론(ledership)을 가르치는 경영대학원에서도
자주 등장하는 '종의 리더십(servant ledership)'의 금과옥조(金科玉
條)일 것이다.

이 말씀은 예수께서 제자들에게 하신 말씀이다. 분명 그렇
지만 놀랍게 그 뜻은 그리 자명하지 않다. 하인이 되어야 상전

이 된다는 뜻이 아닐까? 종이 되면 나중에 주인이 될 수 있다는 말씀인가? 자청해서 노예가 되면 자유민이 된다는 뜻일까? 게다가 하인/종/노예/아랫것은 누구일까?

예수께서 이 말씀을 제자에게 하셨다면, 요즈음 말로 교회나 종교에서 말하는 제자도(弟子道, discipleship)인가? 교회에서 누군가를 잘 섬기고 봉사하라는 뜻인가? 이 말씀을 대부분 그렇게 이해할 것이다. 그러나 잠시 멈추고 이 말씀을 두세 번 다시 생각하면 전혀 다른 큰 그림이 나올 것이다.

예수께서 이 말씀을 하신 것은 단순히 종교 테두리에서, 앞으로 있을 교회의 신자들을 내다보시고 말씀하신 것은 아니다. 이 말씀은 세상 나라의 방식과는 전혀 달리 작동하는 '하나님의 나라'의 관점을 말씀하셨다고 기억해야 한다. 말씀의 핵심은 각종 '특권 포기'를 한다는 데 주목해야 한다. 종교적 특권, 인종적 특권, 사회적 특권, 경제적 특권, 정치적 특권을 포기하고 내려놓을 때 비로소 진정한 의미의 하인/섬기는 자가 된다.

성공할 때 떠나라?

"예수께서 유대를 떠나사 다시 갈릴리로 가셨다.
그렇게 하려면 사마리아를 거쳐야만 하였다."

요 4:3~4

예수는 목회 전략을 모르셨나? 그가 유대 지방에서 한참 잘 나갔던 때가 있었다. 당시 예수보다 먼저 사역을 시작한 세례자 요한이 있었는데, 그의 사역은 점점 흥왕하여 사람들이 많이 몰렸다. 거침없는 말, 시원시원한 언사, 종교 기득권층을 향해 '나쁜 새끼들'이라고 서슴지 않는 배포, 옛것을 단절하라는 회개 요청, 폐부를 찌르는 설교, 천둥 번개 같은 종교 제도 비판, 급진적 헌신과 강력한 강단 초청 등 세례 요한의 목회 성공의 비결이었다.

목회 성공의 결과는 회심자를 얻는 것인데, 세례교인 숫자로 따졌다. 급속히 교인 숫자가 늘기 시작했다. 세례자 요한은 역시 카리스마(칼 있으마!) 목사님이었고, 그의 광야 교회는 요단강 근처에 자리 잡았는데, 개종하겠다는 사람마다 요단강에 집어넣었다. 교회 성장학파의 관점에서 보면 세례자 요한의 파격적 전략으로 목회에 성공한 경우이다. 교인 수가 늘었으니, 대부흥이었다.

이것을 유심히 살펴본 이들이 있었다. 다름 아닌 예수의 제자들이었다. "아니 세례자 요한은 우리 예수님보다 6개월 먼저 태어난 친척 형님이 아닌가?" 일종의 경쟁 의식을 느낀 제자들은 예수 몰래 목회 성공 전략 위원회를 꾸렸다. 전략의 핵심 목표는 '교인 수를 늘려라!' '대형 교회를 만들자!' '종교계의 패권을 잡자!' '선한 영향력은 숫자에 있다!' '뭐든지 커야 한다.' '사람들의 관심을 끌어야 한다.' '한곳에 정착하자.' '더는 떠돌이 목회해서는 안 된다.' 등이었다. 이를 이루는 실제적 방법으로 '세례자(침례자) 숫자를 늘려야 한다?'가 목표가 되었고, 이 설정에 열두 명 모두 동의했다.

그래서 제자들은 예수님 몰래 '예수교 교인' 숫자 늘리기에 집중했다. 웬만하면 이놈 저놈 모두 세례를 주자 세례교인 숫자가 급격히 늘었다. 예수 교회 교회당의 교인 현황판에는 교인 수의 급격한 증가 화살표가 마치 로켓처럼 직각으로 치솟았다. 와우 대박, 성공이었다!

대형 교회는 눈앞에 차려진 현실이 되어 가고 있었다. 예수의 제자 동아리에는 자체적으로 논공행상(論功行賞)을 놓고 예민한 기 싸움의 기류가 감지되기도 했다. 베(드로)핵관, 요(한)핵관 등 계파도 생겼다. 안에서 새는 바가지는 바깥에서도 샌다는 말이 있다. 제자들의 교인 숫자 증가 전략이 세례자 요한 진영보다 훨씬 성공적이었다는 소문이 바리새인들의 귀에도 들어갔다. 예수를 공격하기에 아주 좋은 빌미가 된 셈이다.

이런저런 사실을 전혀 모를 줄 알았던 예수님이 등장한다. "예수께서 제자를 삼고 세례를 베푸시는 것이 요한보다 많다 하는 말을 바리새인들이 들은 줄을 예수께서 아신지라."(요 4:1) 팩트 체크하자면, 세례를 베푼 이는 예수가 아니라 그의 제자 들이었다! 예수 이름을 팔아 세례 주고 교인 등록을 받았을지 도 모를 일이다.

어쨌든 예수님이 다 알고 있었다. 제자들이 하는 짓거리를 알고 있었고, 바리새인들이 그것을 빌미 삼아 공격하리라는 것 도 알고 계셨다! 이 지경까지 올 때까지 기다렸다는 것이 놀랄 만하다. 그렇지 않나? 예수는 왜 미리 막지 않았는가?

역설적인 예수의 다음 행동이 지시적이다. 무엇인가? 예수 는 인간적 인위적 성공을 때려치우셨다. 소위 사람들이 말하 는 성공 목회를 때려치우시고 그곳을 떠나신다. "그 성공 소식 을 듣자 예수는 유대를 떠났다!"(3절) 어쩌다가 교인이 많이 모 이게 된 대형 교회 목사가 전격사임을 발표하고 교회를 떠난다 면 어떠할까? 상상만 해도 짜릿하고 깊은 울림이 있지 않겠는 가. 멋진 예수님이다. 대형 천막을 걷어치우고 저기 촌 동네 갈 릴리로 낙향하려고 결심하신 것이다. 와우.

여기서 이야기가 끝났다면, 씩씩하고 호방한 기상(호기, 豪 氣)이라고 하거나, 좀 낮추어 객쩍게 부른 혈기(객기, 客氣)라고 했을 것이다. 이 정도라면 대중매체의 관심을 받기에 충분했으나 예수님의 이동 목적은 다른 데 있었다. 갈릴리로 가기는 하되 반드시 사마리아를 거치는 길을 선택하신다(4절, He had to go through Samaria).

그다음은 익히 아는 이야기이다. 앞 이야기의 빛 아래서 바라볼 때 사마리아로 가기로 작정하신 예수님은 우리에게 "진정한 목회 성공이 무엇인 줄 아는가?"라고 질문하신다. '유대에서의 목회 성공을 헌신짝처럼 내려놓아라.' '그것이 외형적으로 대단한 업적이며 성취인 듯 보여도 그러해야 한다.' '숫자 놀음에 목숨 걸지 말라.'라는 말씀일 것이다.

그렇다면 "주님, 무엇에 목숨을 걸어야 합니까?"라고 묻는다면 예수님의 대답은 단호하고 분명하나 조용히 말씀하셨을 것이다. "사마리아의 목마른 한 영혼에 생수를 건네주어라." 목회의 본질은 목마른 사람에게 영원한 생명수를 건네주는 일이다.

주일이면, 한국 교회의 모든 목회자와 설교자에게 우리 주님께서 말씀하신다. "목회의 성공은 교인 숫자를 늘리는 데 있지 않다. 너희의 왕국을 확장하고 팽창하는 데 있지 않다. 목회는 배고프고 목마른 가난하고 기댈 곳이 없는 이들에게 생명수를 건네는 것이다." 그 생명수가 뭔지는 알 것이다.

거짓과 진실

"그는 거짓말을 할 때마다 제 본성을 드러낸다.
그는 거짓말쟁이이며 거짓말의 아비이기 때문이다."

요 8:44

진실이 그 속에 없으니 진실을 말할 수 없다.

거짓을 말할 때마다 아주 자연스럽고 태연하다.

거짓말을 말할 때 주저함이 없이 당당하다.

그가 운영하는 거짓말 공장에는 불황이 없다.

거짓말을 작문하려고 잔머리를 돌리지 않는다.

거짓말이 자기의 모국어이기 때문이다.

거짓말을 말할 때마다 남의 도움이 필요 없다.

거짓말을 창조하는 신통력이 있기 때문이다.

그는 태생이 거짓말쟁이요, 거짓 무리의 두목이다.

누구일까? 이런 인물들은 역사의 무대에 쉬지 않고 등장했
다. 기만, 술수, 사기, 거짓, 음모, 선동, 협잡, 세뇌, 협박, 유혹,
갈라치기 등으로 중무장했다. 지난 세기의 대표 악마인 히틀러,
스탈린이 그랬고, 미국 대통령이었던 닉슨도 거짓말을 했다는
이유로 대통령직에서 쫓겨났다. 워터게이트가 그것이었다.

거짓은 분별력과 판단력을 흐리게 한다. 거짓은 이성과 감성을 왜곡시키고, 개인을 기형적으로, 사회를 괴물로 바꾸기도 한다. 사회를 부패시키고, 정치를 병들게 한다. 사람의 영혼을 혼미하게 만들고, 가정을 파괴하고, 결혼을 갉아먹는다. 거짓은 무시무시한 팬데믹 바이러스이다. 이렇게 거짓은 낙원을 실낙원으로 만들고 말았던 태고(太古)부터 존재한 치명적 바이러스였다. 창세기 3장 이후로 거짓은 음부(陰府)였으며, 어두움이 지배하는 권력의 중추(中樞)에는 거짓이 자리하고 있었다.

신약에는 '거짓'을 공중의 권세 잡은 자, 불순종의 자녀 가운데 작업하는 악한 영, 하늘에 있는 악의 영, 어둠의 세상 주관자 등으로 부른다. 계시록은 '적그리스도'라고 했으며, 한마디로 적그리스도는 진리(truth)이시며 진실(truthfulness) 자체이신 예수 그리스도에 반대하는 거짓 세력을 말한다. 거짓은 절대로 진실과 양립할 수 없고, 진실의 본체이신 예수 그리스도는 거짓의 본체인 마귀와 함께할 수 없다.

그리스도인은 진실(진리)이신 예수 그리스도를 추종하는 무리이고, 그리스도인 공동체는 '진실 말하기'를 제일의 사명으로 여겨야 한다. '진실 말하기 공동체(truth-telling community)'가 교회의 본질이다. 모든 진리(진실)는 하나님의 진리(진실)라는 말이 있듯이, 진실을 말함으로써 그리스도인은 하나님의 진심을 세상에 드러내야 한다.

그렇다면 위의 질문인 '누구일까?'에 대한 정답은 분명해졌
다. 마귀와 마귀 새끼들이다. 마귀와 마귀를 따르는 자들에겐
'거짓'이 모국어인 것이다. 부디 한국 교회의 목회자와 그리스
도인은 거짓을 미워하고 진실을 사랑하라. 건강한 미움과 건강
한 사랑의 리듬을 타야 한다. 진실 말하기의 공동체로 새롭게
태어나기를 소망한다.

좋은 사회, 좋은 교회, 하늘나라

"거룩하신 아버지, 아버지와 내가 하나인 것처럼
이 사람들도 하나가 되게 하여 주십시오."

요 17:11

좋은 사회가 아닌 하늘나라라면 하늘나라가 아니고, 좋은 공동체가 아닌 하늘나라라면 하늘나라가 아니다. 지상 교회는 좋은 사회, 좋은 공동체를 이루어야 한다. 지상 교회는 하늘나라에 머리를 두기 때문이다.

성부 하나님 성자 하나님 성령 하나님이 하늘나라에서 좋은 사회를 이루어 함께 잘 지내시듯이, 지상의 교회들 역시 함께 좋은 공동체를 이루어 살아가야 한다. 지상 교회는 천상의 세 분이 하나의 본체로 존재하는 '삼위일체 하나님(Triune God)'을 반영하는 거울이다.

교회는 경상도 교인, 전라도 교인, 도시 교인, 시골 교인, 배운 교인, 못 배운 교인, 잘사는 교인, 못사는 교인, 남자 교인, 여자 교인, 젊은 교인, 늙은 교인, 찬송가 교인, CCM 교인, 우파 교인, 좌파 교인 등 끝없이 분리하려 하거나 담벼락을 쌓지 않으며, 어떤 목적으로든 장로교인, 감리교인, 성결교인, 침례교인으로 편 가르기를 하지 않는다. 교회 안에는 하나님의 자녀만 있을 뿐이다. 예수께서 제자들을 위해 기도하신 대제사장의 기도에 이 진리가 명확하게 들어 있다. "거룩하신 아버지여, 우리와 같이 그들도 하나가 되게 하옵소서."(요 17:11)

　주님, 우리 한국 교회의 분열과 아집과 독선을 고쳐 주시옵소서. 예수의 가르침을 진심으로 따르는 교회가 되게 하옵소서. 아멘.

청년 목회자에게 보낸 편지

"그대는 진리의 말씀을 올바르게 가르치는 부끄러울 것 없는 일꾼으로
하나님께 인정을 받는 사람이 되기를 힘쓰십시오."

딤후 2:15

사랑하는 아들 디모데야, 엊그제 강도사 연수가 있었다고 들
었다. 강도사가 뭔지 아니? 강도(講道)하는 자격증을 딴 사람이
라는 뜻이란다. 그런데 노파심에 네게 말한다. 앞으로 강도사
가 되어 강단에 서거든 부디 강도(强盜)질은 하지 말아라. 강도
사입네 목사입네 하며, 목에 힘을 주고 거룩한 언어를 사용하
면서 영적 권위를 앞세워 신앙의 길에서 갈팡질팡하는 여린
교인들을 함부로 대하고, 위압적으로 그들의 영혼을 강탈하지
말라는 것이다. 그건 몹시 나쁜 강도질이다. 명심하거라.

장로교에서 강도사(講道師)는 '도(道)'를 전하는 사람이다. 달
리 말해 '길'을 안내하는 사람이라는 뜻이다. 길을 안내하는 자
가 위세를 떠는가? 그저 친절하고 알아듣기 쉽게 가야 할 길을
설명하고 안내하고, 그저 말만 하는 것이 아니라 그들과 함께
길을 걷는다. 누군가를 인도하여 멀리 있는 목적지를 향해 함
께 걸어가는 게 얼마나 어려운지 알 것이다. 많은 수고와 애씀

이 필요하고, 마음 앓이는 말할 것도 없고, 막중한 책임감에 어깨가 무겁기도 하다.

매일 이른 아침에 지도를 펼쳐 놓고 오늘 갈 길을 다시 확인하고, 동행자들을 일일이 돌아보고 심신이 뒤처지지 않도록 격려하고 다독이면서 출발해야 한다. 이즈음 '길'이 무엇인지 알겠지? 바로 예수 그리스도! "내가 길이다."라고 하신 바로 그분 말씀이다. 그러니 평생 네가 할 일은, 길을 잃은 사람, 길에서 벗어난 사람, 길이 어디인지 모르는 사람을 '길'이신 그분에게 안내해야 한다. 그들을 하나님의 나라로 데리고 들어가는 일을 하는 일꾼이란 말이다.

사랑하는 아들 디모데야, 일꾼이 무게 잡는 것 봤니? 양복 입고 구두 신고 일하는 것 봤니? 아니잖니. 맡겨진 밭일을 성실과 근면으로 일하는 사람이 일꾼이야. 삯꾼 말고! 구슬땀을 흘려 한 사람씩 한 사람씩 차근차근 그 길 끝까지 함께 가는 것이지. 그런 일을 하는 일꾼이 된 것을 부끄러워하지 마라. 부끄럽다고 생각이 들거든 일찌감치 강도사고 목사고 집어치워라!

그러니 최선을 다해 삶을 하나님께 가장 깨끗하고 정결한 예물로 바쳐야 한다. "너 이 정도면 됐어!"라고 하나님께 인정

받아야 한다. 가장 중요한 사실은 강도사건 목사건 이제 하나님 나라 일꾼이라는 점을 기억해야 한다.

일차적 임무이며 동시에 가장 중요한 임무가 무엇인가? 진리의 말씀, 진리의 메시지를 올바르게 전달하는 것이다. 진리는 단순히 지식이 아니다. 말씀을 올바르게 전달한다는 것은 하나님 세계를 열어 보이는 것이고 하나님의 세상이 주장하는 것을 드러내 보이라는 것이다. 예수 그리스도 안에 드러난 하나님의 세계 말이다. 진리의 말씀, 진리의 메시지를 올바르게 전달하라는 것은 복음을 거침없이 분명하고 명확하게 전달되도록 해야 한다. 복음을 왜곡하거나 비틀거나 흐리게 하지 말아야 한다.

복음이 무엇인가? 그리스도 안에 나타난 하나님의 세상이고, '십자가에 달리신 예수'가 복음의 핵심이라는 것은 신학교에서 배운다. 왜 하나님이 사람이 되시어 십자가에 처형당해 돌아가셔야만 했는지가 복음의 핵심이다. 그것이 진리의 말씀, 진리의 메시지, 복음, 예수의 길. 어쨌든 이 복음, 이 길을 똑바로 알려 주고 그들과 함께 복음의 삶을 제대로 살아 내고, 복음의 길을 걸어가야 한다.

이제 강도사를 거쳐 목사가 되면 종교적 직제의 정점에 이르겠지. 말이 나와서 한마디 더 하겠는데, 교단에서 각종 장(長)

자리 하나 하려고 기 쓰지 말아라. 알았지? 제발 부탁한다. 하나님의 말씀, 진리의 말씀을 연구하고 공부하는 일만은 멈추지 말아라. 요즈음 목사들의 세계를 둘러보면 말씀에 무지하고 무식하고, 말씀을 너무 무시해! 안타깝고 마음 아픈 일이다. 이건 그에게도 안 된 일이지만 하나님의 교회 전체를 위해서도 불행한 일이야. 꼭 기억하거라.

PART 5

기도,
넉넉히
이기는 자

구하라, 찾으라, 두드리라

"달라고 하십시오, 받을 것입니다. 찾으십시오, 얻을 것입니다.
문을 두드리십시오, 열릴 것입니다."

마 7:7

마태는 역시 유대인이었다. 아니 예수는 전형적인 유대인이었다. 산에서 말씀하신 산상설교 가운데 히브리 시의 특징 병행법을 사용하신 예가 눈에 확 들어왔기 때문이다. 마태복음 7장 7절 본문 "구하라 그리하면 너희에게 주실 것이요 찾으라 그리하면 찾아낼 것이요 문을 두드리라 그리하면 너희에게 열릴 것이다(Αἰτεῖτε, καὶ δοθήσεται ὑμῖν· ζητεῖτε, καὶ εὑρήσετε· κρούετε, καὶ ἀνοιγήσεται ὑμῖν)." 이 구절을 잘 이해하려면 마태와 예수가 유대인이고, 유대인들의 스피치 방식과 글 쓰는 방식이 히브리 시의 특징을 상당히 많이 담고 있다는 점을 기억해야 한다.

이제 이 구절을 히브리 시 형태로 배열하자면 이러하다.
구하여라(Αἰτεῖτε).
　　받을 것이다.
찾으라(ζητεῖτε).

얻을 것이다.

두드려라(κρούετε).

열릴 것이다.

보다시피 세 소절(colon)이 평행을 이루는 일종의 '점층적 평행법'의 한 예이다. '구하라 → 찾으라 → 두드려라'는 마치 시편 1장 1절처럼 '걷다 → 서다 → 앉다'이다. 마태복음의 경우, 세 동사(헬라어)는 모두 이인칭 복수 현재 능동태 명령형이다. "너희들은 반복적으로 지속해서 기도하라!"라는 명령이다. "계속해서 구하라, 멈추지 말고 찾으라, 끝까지 두드려라." 언제까지? 받을 때까지, 찾을 때까지, 열릴 때까지.

여기까지 잘 왔는데 심각한 고민이 생겼다. 기도는 인디언 기우제 같은 것인가 하는 생각이 들었다. 비가 올 때까지 기도를 드리라는 말인가? 비가 오면 마침내 기도 응답이 왔다고 생각하는가? 분명 주님께서는 결과가 나올 때까지 계속해서, 멈추지 말고 끝까지 기도하라고 하는 것이 아닌가? 그렇게 끈질기게 기도하면 마침내 얻게 되고, 받게 되고, 문이 열리게 된다고 하시지 않나? 이런 질문들이 떠오른 것이다.

실제로 그런 일이 일어나는가? 일어날 수도 있다. 간증 전문가들의 이야기를 들어 보면 말씀 그대로 믿고 기도했더니 실제로 이루어졌다고 확신 있게 말하는 것을 보았다. 그런 간증이나 설교를 듣노라면, "아하 나는 믿음이 부족한가 보다, 아마 나는 삼류급 신자인가 보다."라고 쭈그러들면서 상대적 박탈감, 자괴감, 무력감을 느끼곤 한다. 내가 알기로는 그들처럼 기도 응답은 일어나지 않기 때문이다.

물론 이런 말을 하면 "아직 당신은 믿음이 없어서 그렇습니다. 신앙은 머리로 하는 게 아닙니다." 등등 수많은 이유를 비난의 근거로 댈지 모르지만, 우리는 솔직해져야 한다. 주님의 말씀을 제대로 파악하고 이해해야 할 것이다. 주님께서 산상설교 도중 이 말씀을 하신 목적이 무엇이었을까? 마태가 이 말씀을 포함하여 주님의 말씀을 수집하여 기록한 의도는 무엇일까? 두 가지가 담겨 있으리라.

첫째, 기도는 인내를 요구한다.

인내하는 기도, 기다리는 기도, 끝까지 가는 기도, 그래서 기도는 훈련이 필요하다. 야생마를 훈련하여 탁월한 경주마로 만들듯이, 우리의 거칠고 야생적인 기도도 훈련을 통해 방향을 잡은 기도, 정결하고 깨끗한 기도로 변하게 된다. 한두 번 한꺼번에 왕창 기도하는 것이 아니다. 집중해서 기도할 때도 있다. 심각한 문제를 놓고 금식기도 하거나 기도원에서 간절한 기도를 드리는 때도 있다. 그러나 여기 주님이 대중에게 말씀하시는 기도는 '기도의 습관'이 어떤 모습을 지녀야 하는지를 가르치시는 것이 아닐까. 인내하는 기도의 습관 말이다.

기도에 인내가 필요하다는 것을 모르는 사람은 없다. 지치기 때문이다. 아무런 응답도 눈앞에 이뤄지지 않기 때문이다. 실망하거나 좌절하여 기도를 멈추게 되고, 기도의 힘이 빠지면 영적 탈진을 경험한다. 기도는 어떤 문제를 해결하기 위한 신통한 도깨비방망이가 아니라는 얘기이다. 기도는 때론 고된 훈련을 요구한다. 따라서 예수께서 "구하라 찾으라 두드리라." 라고 하신 말씀은 지속해서, 끈질기게 기도하라는 것이 아니겠는가.

둘째, 기도는 인내를 필요로 하는 훈련이다.

이 말은 기도를 들으시는 분이 어떤 분인지를 기억하며 기도하라는 뜻이다. 그분이 어떤 분이신가? 하늘 아버지는 '좋은 아버지'라고 예수께서 가르치신다. 그분이 하신 말씀을 들어보자. "하늘에 계신 너희 아버지께서 구하는 자에게 좋은 것으로 주시지 않겠느냐."(7:11)

이 말씀에서 '좋은 것'에만 집중하려 하는가. 좋은 것을 주시겠다고 약속하는 그 '좋은 분'이 우리 기도의 대상이고, 선한 하나님임을 잊어서는 안 된다. 달리 말해 '좋은 하나님(God is good)'이란 말은 '신실하신 하나님(God is faithful)'으로 환원될 수 있다. 자녀와 언약을 맺은 하나님은 신실하셔서, 언약에 충실한 하나님이며, 그 언약이 온전히 숙성될 때까지 우리를 결코 내버려 두시지도 않고, 놓지 않으실 것이다.

예수께서 "구하라 찾으라 두드리라."라고 기도의 습관을 가르치신 것은, 신실한 하나님을 우리도 신실하게 끝까지 신뢰하라는 가르침이다. 그렇다. 기도를 통해 우리의 영혼이 온전하게 '좋으신 하늘 하나님' '신실하신 하늘 아버지'만 바라보아야 한다.

두 가지를 꼭 기억해야 한다. 첫째, 기도는 훈련이 필요하다. 인내하는 기도라는 사실이다. 둘째, 하나님은 신실하신 분이라는 믿음을 가져야 한다. 우리가 드리는 기도의 열정 때문이 아니라 하나님의 신실하심이 우리를 구원하신다. 아멘.

'대개'가 죽었습니다!

"그러므로 이렇게 기도하여라."

마 6:13

주기도문의 끝부분을 송영(誦詠, doxology)이라고 한다. 송영은 하나님을 찬양하는 노래라는 뜻이다. "나라와 권세와 영광이 아버지 하나님께 영원히 있습니다!"(마 6:13) 참고로, 고대 헬라어 사본들에는 주기도문의 끝에 이 송영이 없다. 아마 초대교회 시대에 주기도문의 대미를 송영으로 장식하려는 예전(禮典)에서 유래한 것이 아닐까 추측한다. 현대 번역에서 대부분이 송영은 괄호([]) 안에 담거나(개역개정, 공동번역, 새번역 등) 아예 번역에서 삭제되었다(NIV).

어렸을 적의 주기도문에 이 송영을 안내하는 독특하고 어색한 단어가 있었다. '대개'이다. 나이 든 세대들은 주기도문을 암송할 때 여전히 이 단어를 넣어 암송한다. 대부분 이 단어의 뜻을 잘 모르더라도 아무 생각 없이 "대개 나라와 권세와~"라고 암송한다. 오래된 개역 성경에는 이 단어가 있지만, 무슨 이유인지 사라졌으나, 일찍이 교회에 다닌 성도들은 무의식적으로

"대개 나라와 권세와~"라고 하고 있다.

도대체 '대개'가 뭔가? 일반적으로 '대개'를 '대체로' 혹은 '그저 웬만한 정도로 중요한 부분만 대강 말해서'라고 미루어 짐작한다. 주기도문의 마무리를 '지금까지 드린 기도는 대체로~'라고 이해하게 만드는 단어이다.

하지만 이 경우 한자어로서 '대개(大概)'를 말한다. 그러나 주기도문을 우리 선조들이 번역할 때 한자어 대개(大概)가 아닌 '대개(大蓋)'를 사용했다. 대개(大蓋)의 개(蓋)는 뚜껑이나 덮개를 뜻하고, '일의 큰 원칙으로 말하건대'라는 뜻으로, 이제 기도를 드렸으니 기도의 큰 원칙으로, "나라와 권세와 영광이 하나님께 영원히 있습니다!"라고 찬양하고 있다.

오늘날 한글 세대 교인들에게는 한자어 '대개'의 의미를 헷갈리거나 아예 다르게 알아서 한글 성경 번역에서 아예 빼어 버렸다. 아쉽기도 하다. 헬라어 원문에는 버젓이 이 단어(ὅτι)가 살아있다. 영어는 For, 독일어는 Denn, 네덜란드어는 Want로 번역되어 있다. 모두 이유 접속사 '왜냐하면'처럼 번역했으나, 그에 비하면 '대개(大蓋)'로 번역한 것은 정말 잘했다.

그러나 '대개'가 사라져서 참 아쉽다! 마지막으로 노파심에 한마디 하자면, 신학생들이여! 성경을 잘 이해하시렵니까? 성경을 원어로 배우겠다고 혹시라도 어쭙잖게 헬라어, 히브리어,

라틴어를 배운다고 애쓰기보다 그런 언어는 '쫌' 못하더라도 모국어를 잘하기를. 한글의 60퍼센트 이상이 한자어라는 사실을 명심하면서 말이다.

우리 소리쳐 보자. "대개가 사라졌다. 살려내라!" 그리하여 교회에서 '대개'와 함께 하나님을 찬양하는 '송영'이 살아나야 한다. 왜? 신학과 신앙은 궁극적으로 송영이기 때문이다.

기도와 주문

"어떤 처지에서든지 감사하십시오.
이것이 그리스도 예수를 통해서 여러분에게 보여 주신 하나님의 뜻입니다."
살전 5:18

드라이브 스루(drive-through, drive-thru), 자동차를 타고 패스트 푸드를 주문(注文, order)하는 경우가 있고, 전화나 앱으로 주문하고 픽업할 때도 있다. 어느 경우든 내가 원하는 것을 주문한다. 그런데 주문한 것과 다를 경우 어떤 반응을 보이는가? 욱 성질이 올라오거나 욕하고 싶고, 허허 하고 말기도 할 것이다.

때로는 기도가 주문하는 행위 같다. 주문한 대로 이루어지지 않는다면 어떠한가? 글쎄, 나는 음식점 주인이신 하나님을 신뢰하련다. 무엇이든 픽업하면서 그 내용물을 확인하지도 않고 그냥 가지고 올 것이다. 심지어 내가 주문하지 않은 내용물이 들어 있더라도 불평하지 않을 것이다. 내게 적합한 것이 무엇인지 아시는 그분을 믿기 때문이다. 내게 주신 것이 무엇이든 그저 감사함으로 받는다.

이것이 "범사(凡事), 모든 상황과 모든 일에 감사하세요!"라는 말씀에 순종한다는 뜻이다(엡 5:20; 살전 5:18). 우리가 즐겨 부르는 찬송가의 고전 한 구절처럼 "아무 일을 당해도 예수 의지합니다!(Trusting Him whatever befall, 찬송가 342장)"라는 고백이다.
그나저나 주기도문으로 기도할 때 덮어놓고 암송하지 말자. 그
리하면 기도는 주문(呪文)이 된다. 주기도문의 '기도'를 빼면 주
문(呪文, abracadabra)!

교인들을 위한 기도문

"내 기도 중에 여러분을 기억합니다."
엡 1:16

목회자가 교인을 위해 기도하는 일은 당연하고 마땅하다. 그 일을 위해 하나님의 부르심을 받았으니. 예수는 제자들의 흔들리는 신앙을 위해 기도드렸다. 〈대제사장의 기도문(High Priest's Prayer)〉(요 17장)으로 알려진 예수의 기도는 교회를 위한 중보 기도의 모범이기도 하다. 사도들 역시 그들의 편지에 신자들을 위한 간절한 기도문을 담고 있다.

목회자가 교인들의 사정을 일일이 알고 기도한다면, 기도가 주는 중압감은 이루 말할 수 없이 크다. 기도의 중압감을 회피하지 않는 이상 기도는 애절한 진정성을 입게 될 것이다. "예, 기도하겠습니다."라는 상투적 기도 말고. 일용직으로 근근이 생계유지하는 힘든 가정을 위해, 잘 나가던 사업이 예상치 못한 일로 몰락하게 된 집사님을 위해, 아내의 청천벽력 같은 말기 암 진단에 혼란스러워하는 중년의 장로님을 위해, 십 대 아들의 정신 질환으로 말 못 할 고통을 견디어야 하는 권사님을 위해, 최근 신앙에 입문하였지만 어쩔 줄 모르고 방황하는 젊은 부부를 위해, 벌써 수십 번씩이나 취업에 실패한 교회의 취준생 청년을 위해, 결혼한 지 십여 년이 되지만 불임으로 마음고생이 심한 부부를 위해 등등, 이런 목록은 지평선처럼 아득하고 끝이 없을지도 모른다.

그만큼 교인을 위한 진정성 있는 기도는 납덩이처럼 무거운 영혼의 무게를 담아야 할 정도로 고되고 힘든 일이라는 뜻이다. 아마 기도에도 숙련된 장인(匠人)정신이 있어야 한다. 이같이 언급한 기도의 정황들은 모두 '낙심과 절망'의 어두움이다. 한밤중에 드리는 기도가 그런 기도일 것이다. 이른바 '영혼의 밤' '영혼의 겨울'을 지나는 연약한 영혼을 위한 목회자의 기도이다.

복음성가 〈항해자〉의 노랫말 가운데 이런 구절이 있다. "주님, 나를 놓지 마소서. 이 깊고 넓은 바다에 홀로 항해하는 나를. 비바람에 흔들리는 나약한 나를 잡아 주소서. 이 깊은 바다에 나 홀로 버려두지 마소서. 내 삶에 항해의 끝이 되시는 주님이시여!" 고난 가운데 있는 교인들과 함께 목회자가 목 놓아 부르짖는 간청의 애가일 것이다.

교인들을 위한 목회자의 기도가 교인들이 처한 상황에 따라 달라질 수 있다. 기도가 지향하는 방향과 목적, 대상과 강도 등이 그렇다. 한 가지 사실은 분명하다. 어떤 상황과 처지라도 교인들이 신앙의 근본과 기초가 튼튼하다면 절대 쓰러지지는 않을 것이다. 이런 이유로 사도 바울은 에베소 지역의 교인들에게 편지를 쓰면서 맨 앞부분에 목회자의 기도문을 담았다(엡 1:15~19). 이 기도문은 에베소의 신자들을 위한 바울의 기도문이지만, 한국의 목회자가 섬기는 교인들을 위해 드리는 간절한 기도문이며 기도의 핵심이다.

"하나님, 당신께서 우리 교인들의 '마음의 눈'을 밝혀 주세요. 육체의 눈은 멀쩡하지만 마음의 눈이 어두운 사람들이 너무 많습니다. 불쌍히 여기시어 그들의 마음의 눈을 밝혀 주세요. 마음의 눈이 밝아지면 새로운 세상을 바라볼 수 있겠지요. 절망과 한숨으로 가득한 이 세상 말고, 희망과 소망으로 가득한 하나님의 세상을 바라보게 되겠지요.

그뿐 아니라 고달픈 광야를 지나던 이스라엘 백성에게 가나안의 땅을 유업으로 주셨던 것처럼, 우리 교인들도 밝아진 마음의 눈으로 하나님께서 주시기로 약속한 영광스러운 상속, 영원한 생명의 상속이 얼마나 풍성한지를 보게 해 주세요. 비록 이 세상에서 가진 것도 없고 물려받은 것도 초라하기 그지없는 우리 교인들이지만 그들이 제3의 눈, 신앙의 눈, 마음의 눈으로 하나님께서 그들에게 주시겠다고 약속하신 영광스럽고 장엄한 하늘의 유산이 얼마나 풍성하고 풍요로운지를 보게 하여 주세요. 그러면 그들은 이 땅에서 절대 좌절하거나 낙심하지 않을 것입니다. 다시금 부탁드립니다. 주님, 교인들 마음의 눈을 밝혀 주세요!

주님, 한 가지 더 부탁드릴 것이 있습니다. 하나님의 능력, 하나님의 힘이 얼마나 강하고 센지 보게 하여 주세요. 그러면 이 세상에서 주눅 들지 않고 살 것입니다. 힘과 능력과 권력을 추구하는 세상에서 교인들이 얼마나 주눅이 들고 맥이 풀리는지 저는 잘 압니다. 심지어 세상의 힘과 능력을 조금이라도 얻기 위해 부질없는 노력을 하기도 합니다. 참 안쓰럽습니다. 주님, 다시금 부탁드리오니 그들 마음의 눈을 밝혀 주시어, 당신의 능력만이 절대적이고 영원하다는 것을 똑똑히 보게 하여 주세요. 예수님의 이름으로 간절히 기도합니다. 아멘."

우리 그리스도인들을 위해 한국의 목회자가 이처럼 '본질 기도'를 드린다면, 그들은 '넉넉히 이기는 자(More than conquerors)'들이 될 것이다.

추신: '마음의 눈'은 단지 이해의 눈, 지성의 눈이 아니다! 신앙은 깨닫고 이해하는 것 이상이다. 마음으로 품는 것이다. 그래서 마음의 눈이라 부른다. 마음으로 경험하고 받아들이고 이해하고 감동하고 움직이게 하는 눈인 마음의 눈은 성경 전체에서 유일하게 이곳에 등장한다. 놓쳐서는 안 될 핵심이다.

누군가를 위해 기도한다는 것은

"나는 이제 세상을 떠나 아버지께 돌아가지만
이 사람들은 세상에 남아 있을 것입니다. 거룩하신 아버지, 나에게 주신
아버지의 이름으로 이 사람들을 지켜 주십시오."

요 17:11

예수께서 제자들을 남겨 두고 떠나실 때가 이르자 하나님께 간절히 기도드렸다. 요한복음 17장에 예수의 고별 기도문이 고스란히 담겨 있다. 훗날 〈대제사장의 기도〉라는 이름을 얻게 된 '중보(仲保) 기도(intercessor prayer)'이다.

예수님의 기도는 예수께서 제자들의 발을 씻기신 후, 최후의 식사를 즐겁게 하시고 드린 기도이다. 배반을 당하시던 그날 밤에 기도하셨다. 죽기 전날 밤에 예수는 기도드리셨다. 제자들에게 자기와 함께 깨어있기를 간청하던 같은 밤이었고, 고뇌하시던 그 밤이었다.

누가에 의하면, 그 밤에 예수께서 기도하실 때 예수의 땀방울은 마치 핏방울이 되어 땅에 떨어졌다고 했다. 그 밤에 예수는 하나님께 부디 죽음의 잔을 지나게 해 달라고 기도하셨다. 마태에 의하면, 예수는 땅에 엎드려 기도하기를, "내가 원하는 것 말고 당신께서 원하시는 것을 이루어 달라고" 하던 그 밤이었다. "예수께서 하늘을 우러러 말씀하셨습니다. 아버지여 때

가 오고 있습니다."라는 말씀이었다.

그 시간, 그때 예수는 다른 사람들을 위해 기도하셨다. 이것이 대제사장으로서 드리는 기도, 자기가 불러내었던 제자들을 위해 기도하고 있었다. 그가 사랑했던 사람들을 위해 기도하셨다. '그들의 말을 통하여 나를 믿게 될 자들을 위해' 기도하고, 앞으로 자기를 따를 자들을 위해 기도하고 있었다.

듣고 믿을 모든 자를 위해서, 미래의 세대들을 위해서, 구름같이 허다한 증인들을 위해서, 성도들의 교제와 모임을 위해서, 지상의 모든 교회를 위한 기도였다. 그날 밤, 배반과 배신, 체포와 부인을 당하던 그 한밤중에 십자가에 달려 죽어 가면서 세상을 감싸기 위해 양팔을 펼치던 그 밤에, 예수는 여러분과 나를 위해 기도하셨다. 예수님의 중보 기도는 이런 기도였을 것이다.

십 대 시절, 아버지가 돌아가시고 어머니 혼자 네 자녀를 길러야 했던 어느 날 밤에 기도와 같았을 것이다. 한밤중에 우연히 잠에서 깨어났는데, 어디선가 소리가 들리는 것 같았다. 어머니의 기도 소리였다. 어린 자녀들을 위해 드리는 기도였다. 그야말로 경건한 순간이었다. 심금을 울리는 기도 소리였다.

그 후 작년에도 가끔 그 기도 소리를 들었다. 몸을 가눌 수 없는 어머니를 방에 누워 주무시게 하고 불을 끄고 나오면, 한밤중에 건너편 방에서 소리가 들린다. 문 바깥에서 듣는다. 어머니의 간절한 기도 소리에 눈물이 흐르고, 목이 멘다. 저 간절한 기도, 예수님의 중보 기도가 그런 기도였다.

양로원에 계신 그리스도인 성인 성자들, 몸은 연약해져도 그들의 가슴과 심장의 크기는 줄어들지 않는다. 내 손을 꼭 잡으면서 나를 위해 기도한다는 그 성자들이 있다. 예수님의 기도가 그런 기도였다.

젊은 그리스도인으로부터 받은 이메일 끝에 기도 부탁이 들어 있다. "목사님, 제대로 인사도 못 드리고 기도 부탁드리려 연락합니다. 어머니께서 복막암의 통증이 계속 심해서 마약성 진통제를 하루 여러 번 드시고 있습니다. 복막 전이로 암이 장을 누르고 있어서 그런지 장폐색 증상이 해결되지 않고 있습니다. 오늘 주치의 회진 때 담당 의사분이 '약을 바꾸어 처방하려고 하는데, 해결이 안 되면 집에 못 가실 수 있습니다.'라고 하시네요. 인간의 의학으로 해결할 수 없는 상황이지만, 그래도 인간의 끝이 하나님의 시작점임을 믿고 끝까지 하나님의 기적을 바라며 기도합니다. 기도 부탁드립니다."

그 아들에게 보내는 아버지의 카톡이다. "아들아 사랑한다. 오늘 11시 40분경 담당 의사가 엄마 복막암이 많이 진행되어 항암 치료를 할 수 없다는구나. 엄마에게 기운이 있을 때 정리하라고 전하라는구나. 눈물이 앞을 가리어서 말할 수 없다. 어떻게 엄마에게 전할 수 있을까 지혜를 모아 보자. 엄마가 너무 충격을 받지 않도록 호스피스 병원을 알아보라고 하는구나."

이런 편지는 무릎을 꿇게 된다. 그 이름을 듣고 하늘을 쳐다보며 기도하듯이, 그런 기도가 예수님의 기도였다. 잠자리에 들면서 엄마에게 하고 싶은 말을 다 하기까지 침대를 못 떠나는 아이처럼, 예수님의 기도는 그런 기도였다. 교회 단체 카톡방에 간절한 기도 대상자 이름이 더해 갈 때마다 신실한 권사님의 기도처럼, 예수님의 기도가 그런 기도였다. 호스피스 환자에게 "어떤 기도를 해 드릴까요?"라는 질문에, 자신의 이름 없이 다른 사람들의 기도를 부탁하는 그 사람처럼, 예수님의 기도가 그런 기도였다.

예수께서 애절하게 제자들을 위해 중보 기도를 하셨다면 우리도 제자로서 그렇게 기도해야 하지 않는가? 시린 삶에서 사랑하는 누군가를 위한 소박한 중보 기도의 힘을 믿지 않는가? 지금 누군가의 기도 덕분에 살고 있지 않는가?

다니엘의 독한 결심

"다니엘은 왕이 내린 음식과 포도주로
자기를 더럽히지 않겠다고 마음을 먹었다."

단 1:8

비록 낯선 이국땅으로 끌려와 살아가는 외국인 신분이지만, 한시라도 내 나라 내 고향을 잊은 적이 없다. 이 땅의 권력자들이 온갖 회유와 협박으로 정체성을 말살하려고 억박지르지만 끝까지 버티고 굴복하지 않았다. 이 땅의 왕실은 매일 진수성찬으로 회유해도 음식에 내 영혼을 팔 수는 없었다. 그래서 왕궁의 호화 메뉴를 단호하게 거부했다.

그들이 한사코 제시한 메뉴는 다양했다. 승진, 건강, 향락, 재물, 출세, 좋은 집, 호화 자동차, 여행 보너스, 골프 회원권, 고액 연봉 등 그럴 듯했지만 눈 하나 깜짝하지 않고 아니라고 단호하게 말했다. 이미 알고 있었다. 이 세상이 제안하는 음식과 음료는 영혼을 취하게 만드는 최음제라는 사실을. 그러니 그렇게 내 영혼과 마음을 더럽힐 수는 없었다.

하나님과 맺은 언약을 저버리지 않겠습니다. 목에 칼이 들어와도 끝까지 신앙의 지조를 지킬 것입니다. 그분이 나를 버리지 않겠다고 약속했는데 내 어찌 그 언약을 헌신짝처럼 버리겠습니까? 그럴 수는 없습니다. 이 땅에서 외국인으로, 나그네로, 일시 체류자로, 순례자로 살겠습니다. 이 세상에서 왕따를 당하지만 두려워하지 않겠습니다. 왕을 따르는 자가 어찌 왕따를 두려워하겠습니까. 이 땅에 살지만, 이 땅에 속하여 살지는 않겠습니다.

이제 나의 한 조각 붉은 마음(일편단심, 一片丹心)을 오직 그분에게 드리겠다고 결심했다. 내게 왕은 오직 한 분뿐이다. 그분은 아브라함의 하나님, 이삭의 하나님, 야곱의 하나님, 예수 그리스도의 하나님이시다. 우리 함께 힘차게 외쳐 보자.

"왕을 위하여(Pro Rege)!"

하박국의 기도, 우리의 기도

"여호와여, 내가 주께 대한 소문을 듣고 놀라움을 금할 수가 없습니다.
여호와여, 주께서 행하신 그 놀라운 일을 우리 시대에 다시 행하시고
분노 중에서도 자비를 베푸소서."

합 3:2

　　하나님, 저는 당신이 얼마나 위대하신지, 당신이 행하신 일들이 얼마나 놀라운지, 보고 듣고 두려움에 떨었습니다. 특별히 말 타고 달려가면서도 다 읽을 수 있도록 당신께서 엄청나게 큰 석판에 쓰신 글도 다 읽었습니다.

　　그걸 읽고 얼마나 두려웠는지요. 그래도 한편으로는 마음이 놓이기도 했습니다. 그나저나 세상 모든 나라가 당신이 행하신 일들에 대해 수군거리며 "도저히 믿을 수 없어!"라고 소리질렀다지요. 초강대국을 단칼에 박살 내시겠다면서요. 거만스레 굴던 제국들을 일격에 고꾸라뜨리시겠다니 정말 놀라운 일입니다. 당신이 역사의 주인이심을 멋들어지게 보여 주신 글이었습니다. 상상만 해도 기분 좋고 놀랍습니다.

　　얼마 전 이집트 제국의 황제 바로를 비참하게 만드셨던 이야기를 다시 꺼내 읽었습니다. 손에 땀을 쥐게 했던 바로의 마병과 철 병거 추격, 홍해에서 몰살당하는 이야기는 정말 숨 막히는 장관이었습니다. 그 후로도 당신께서 행하신 일들을 듣기

도 하였고 읽기도 하였습니다. 제국들이 당신의 전광석화 같은 위대한 행동들에 기가 확 죽었을 겁니다. 당신을 생각하고 있는 나도 온몸에 소름이 쫙 끼칩니다. 입이 다물어지지 않는 경이로운 일을 하신 당신 앞에 엎드려 경배합니다.

그런데 말입니다. 하나님, 지금 우리가 처한 형편이 얼마나 어렵고 비참한지 아시지 않습니까? 부탁드립니다. 우리를 압제하고 짓누르는 나라와 인간들로부터 구출해 주십시오. 온 세상을 놀라게 하셨던 그때 그 강력한 행동들을 다시 한번 우리 시대에도 보여 주십시오. 지금이 그때가 아닌가요.

당신을 우습게 여기고 함부로 살았던 우리의 잘못 때문에 우리가 비참하게 되었다는 것을 모르는 바 아닙니다. 당신께서 이웃 나라들을 몽둥이 삼아 우리를 죽도록 때렸다는 것도 잘 알고 있습니다. 그러나 그들은 잘난 척하고 거만스럽게 굴었잖아요. 하늘 아래 자기들이 최고인 줄 알고 함부로 행동하지 않았나요. 우리를 사정없이 짓밟아 굴욕을 당하게 했습니다.

이제 우리를 살려 주실 때가 되지 않았습니까. 부디 한 번만 봐 주세요. 죽어라 때리시는 게 아닌 것을 잘 압니다. 살라고 때리신 것 아닌가요. 이제 분노를 멈추시고 우리를 불쌍히 여겨 주십시오. 아니 분노하시더라도 불쌍히 여기시는 마음만은 잊지 말아 주세요. 우리가 살길은 오직 당신의 측은지심(惻隱之

心)인 줄 압니다. 굶주린 어린 자식을 어미가 가슴에 품어 젖을 물리듯이, 우리에게도 그런 자비를 베풀어 주세요. 우리의 잘못과 악을 용서해 주세요. 우리를 가슴으로 품어 주세요. 당신의 모성적 긍휼을 잊지 말아 주세요. 당신의 은혜로운 손길에 우리의 미래를 맡깁니다. 그 은혜를 잊지 않겠습니다. 꼭 한번만 봐주세요. 부디.

PART 6

일상에서
신학하기

피눈물 나는 아브라함의 독백

"하나님이 말씀하셨다. 너의 아들, 네가 사랑하는 외아들 이삭을 데리고 모리아 땅으로 가거라. 내가 너에게 일러 주는 산에서 그를 번제물로 바쳐라."

창 22:2

아들과 함께 걸었습니다. 아무 말 없이 사흘 길을 걸었지요. 오로지 멀리 뵈는 모리아산을 바라보며 걸었습니다. 사흘 길. 누군가 죽음의 집에 이르는 길이 사흘 걸린다고 했잖아요. 죽음을 경험하는 시간이었습니다. 도무지 믿어지지 않는 하나님의 잔인한 명령을 곱씹고 또 곱씹으며 걸었죠.

어쩌면 잘못 들은 것은 아닌가? 내가 믿어 온 하나님은 그런 하나님은 아닌데, 온 마음이 혼란스러웠습니다. 사실이 아니기를 바라며 걸어야 했습니다. 세상에 이렇게 고통스러운 걸음이 어디 있겠습니까? 한 발자국 뗄 때마다 지구의 축이 흔들리는 것만 같았습니다. 내 영혼이 바스러지는 느낌이었지요.

아들을 주시겠다고 약속하시고 진짜로 아들을 주셨을 때 얼마나 놀라고 기뻤는지요. 아내는 이미 생리가 끝난 지 오래되어 아이를 가질 수 없는 상태였는데 말입니다. 그렇게 얻은 아이가 자라는 것을 보고 아내와 함께 얼마나 기뻤는지, 그러한 기쁨을 하늘 아래 누가 알겠습니까?

그런데 이제 겨우 십 대인 아들을 희생 제물로 바치라고요? 내가 살던 지역의 신들이야 그러려니 했지만, 그 신들과는 전혀 다른 신인 줄 알았던 하나님이 그런 요구를 할 줄은 꿈에도 몰랐습니다. 하나님이 그렇게 잔인하고 야만적인 신인 줄 몰랐습니다. 하나님은 자기의 말을 씹으시는 분이잖아요!

하나님, 도대체 당신은 누구십니까? 저에게 왜 이러십니까? 무엇을 바라시는 것입니까? 제 아들과 당신 사이에 하나를 뽑으라고 강요하시는 게 얼마나 큰 고통인 줄 아십니까? 어찌 이리 혹독하게 저를 시험하시는 것입니까?

먹구름 같은 의심이 발걸음을 한없이 무겁게 했습니다. 하룻밤을 들판에서 자는 내내 악몽에 시달렸지요. 아침에 일어나 집으로 돌아가겠다고 결심했습니다. 그런데 동터 오는 새벽 여명을 보니 나도 모르게 다시 걷고 있었습니다. 근데 말입니다. 걷는 이 시간도 몹시 괴롭습니다. 아무 말 없이 걷는 아들이 눈에 밟힙니다. 도저히 그 애를 쳐다볼 수 없습니다.

하나님, 오늘도 '당신의 약속'과 '당신의 명령'의 첨예한 양극 사이에서 갈팡질팡하는 이 불쌍한 영혼을 보살펴 주옵소서. 어찌하란 말입니까? 모순된 신앙의 길에서 나를 붙들어 주시옵소서. 신앙의 불합리성의 길을 끝까지 걸을 수 있도록 용기와 힘을 주시옵소서. 고통을 통해 정화(淨化)되고 순화(純化)된 순종을 배우게 하옵소서. 예수 그리스도의 이름으로 기도합니다. 아멘.

하나님이 내 집에 오시던 날

"주님께서는 말씀하신 대로 사라를 돌보셨습니다."

창 21:1

불임(不姙)이 생물학적 문제만은 아니다. 중학교 생물만 제대로 공부했더라도 불임이 상당 부분 남자 때문이기도 해서 여자만의 문제가 아니라는 것을 잘 알고 있다. 그런데 과거 우리나라에서나 고대 중동 지역에서나 여인이 아이를 낳지 못하면 하늘의 저주를 받았다고 간주하였다. 이것만 봐도 옛 여인들이 가부장적 사회에서 얼마나 억압받았는지 알 수 있다. 참 슬픈 이야기이다.

아마 아브라함과 사라도 아이를 가지려고 온갖 노력을 다했을 것이다. 이른바 몸에 좋다는 각종 허브나 약재, 이런저런 민간요법을 다 동원하지 않았을까? 상당한 재력가로 남부럽지 않게 살았던 아브라함에게 자녀가 없다는 것은 받아들이기 어려웠다. 참으로 허전하고 아쉬운 나날이었을 것이고, 아내 사라의 심정은 오죽했겠는가? 불임을 전적인 자기 잘못으로 알았을 사라로서는 자책감과 죄책감이 적지 않았을 것이다.

그런 사라에게 하나님이 찾아오셔서 말도 안 되는 약속을 하셨다. "너 임신할 것이야! 아이를 낳을 것이야!" 기가 찬 말씀이었다. 나에겐 말 같지 않은 말씀이었다. 말도 되지 않는 말씀이었다. 하나님이 그러신 분이라는 사실이 그날따라 생소하기만 했다.

그러니 내 작은 머리로 어찌 그 말씀을 이해할 수 있겠는가? 그저 마음에 담는 수밖에 없었다. 마음속에 쟁여 놓고 그 말씀을 부화시키는 것밖에는 다른 방법이 없었다. 마음속에 담아 둔 그 말씀을 시시때때로 꺼내어 씹어 보았다. 이게 정말 이뤄질까? 마른 명태를 씹는 듯했다. 익을 것 같지도 않았고 부화할 것 같지도 않았다. 그래서 얼마 동안 다 잊고 살았다.

그러던 어느 날이었다. 정말 갑작스럽게, 예상치도 못한 어느 날, 대문 두드리는 소리가 들렸다. 그분이 묵직한 선물 보따리를 들고 내 집으로 찾아오신 것이다. 와, 세상에 이런 일이 있다니! 그런데 하필 그분이 오신 날 아침부터 속이 유달리 메슥메슥했다. 토할 것 같은 메스꺼움이었는데, 나중에 알고 보니 입덧이었다.

어쨌든 그분을 보내 드리고 그 주일에 교회당으로 달려갔다. 친절하신 목사님께서 이런 말씀을 하시는 것이 아닌가. "하나님께서 작년 이맘때 당신에게 약속하셨다지요? 그 약속대로 은혜를 베푸신 겁니다. 감사하세요. 그분은 약속을 반드시 지키시는 신실하신 분이십니다."

나는 목사님의 말씀에 울컥했다. 그렇게 내 믿음도 자라기 시작했다. 하나님을 믿는다는 게 이런 거구나. 그분이 찾아와 내 속의 응어리를 새 생명으로 바꿔 주신 것이다. 잊지 못할 하루였다.

드보라 할머니의 마지막 일기

"리브가의 유모 드보라가 죽으매
그를 벧엘 아래에 있는 상수리나무 밑에 장사하였습니다."

창 35:8

내 이름은 드보라, 리브가의 유모입니다. 식모 노릇도 함께 했지요. 주인집이 넉넉해서 어렵지 않게 지냈습니다. 유모로 주인집에 들어가게 된 것은, 그 집에 갓 태어난 딸 리브가가 있었기 때문입니다.

젖을 물리던 첫날을 잊을 수가 없어요. 똘똘한 눈망울로 나를 쳐다보며 얼마나 힘차게 젖을 빨던지요. 조금 더 자란 후에는 이른 아침마다 머리를 빗겨 갈래머리로 땋아 줬고, 집에서 그리 멀지 않은 학교까지 데려다줬지요. 하굣길에는 어김없이 교문 밖에서 기다리다가 리브가의 손을 잡고 들판을 가로질러 집으로 돌아왔습니다. 그 애와는 깊이 정이 들었습니다. 참하고 얌전해서 늘 사랑스러운 아이였습니다.

그러다가 사춘기도 없이 리브가가 시집가게 되었습니다. 그것도 수천 리 떨어진 낯선 곳이었습니다. 눈앞이 깜깜했습니다. 신랑은 보지도 못했지요. 그 집에서 보낸 집사의 말만 믿고 결혼하기로 약속한 것입니다. 리브가가 떠나던 날, 주인집은 어두웠고 우울했습니다. 이처럼 곱게 키운 딸을 아득히 먼 곳으로 생면부지의 남자에게 시집을 보내는 부모 마음이 어떠했겠습니까?

사실 내 마음은 더했습니다. 갓난아기 때부터 젖을 물리고 걸음마를 시작하면 마냥 기뻐하며 키운 아이였지 않습니까? 따라나서기로 했습니다. 우리는 산 넘고 물 건너 수백 수천 리 길을 걸어 마침내 신랑의 집에 도착했습니다. 리브가의 결혼식은 성대하게 잘 치렀습니다. 그 집 사람들은 낯설었지만 친절하게 대해 주었고, 마음이 한결 가벼워졌습니다.

세월이 지나 리브가에게서 쌍둥이 아들이 태어났습니다. 젖 먹여 키운 딸 리브가가 어느덧 엄마가 된 것이지요. 나도 중년에 할머니가 되었습니다. 쌍둥이 손자 둘이 무럭무럭 자라는 것을 지켜보면서 문득 떠나온 고향 생각이 나곤 했습니다. 그러던 어느 날 집안에 불상사가 일어났습니다. 어느덧 청년이 된 손자들이 서로 심하게 다투다가 그만 쌍둥이 동생이 도망가야 할 처지가 되었습니다.

엄마 리브가는 마음고생이 이만저만이 아니었죠. 둘째 아들을 끔찍하게 사랑했던 리브가의 마음을 잘 알고 있었지요. 솔직히 딸 리브가만큼이나 나 역시 동생 손자를 엄청 좋아했습니다. 어렸을 땐 종종 내 어깨를 주물러 주었고, 가끔 나를 데리고 커피숍에서 달콤한 바닐라 라테를 사 준 살가운 녀석이었어요.

엄마 리브가는 아들에게 형의 분노를 피해 얼마간 집을 떠나 있으라고 했습니다. 친정으로 피하라고 했지요. 쌍둥이 동생이 야반도주해서 떠나던 날 숨죽여 울었습니다. 멀고 험한 길을 혼자 걸어가야 할 텐데, 리브가 마음은 오죽했을까요? 그 생각을 하면 더욱 마음이 아팠습니다.

한참 세월이 흘렀습니다. 늦은 오후, 리브가는 눈물을 훔치고 있었습니다. 아들을 향한 슬픔과 그리움을 속으로 삭여서 그런지 안색이 좋지 않았습니다. 식사도 잘 못하는 것을 보면 아무래도 병을 얻는 것만 같았습니다.

소식을 알 길 없이 멀리 떠나간 아들이 보고 싶은 리브가는 종종 동쪽 하늘 먼 산을 쳐다보곤 했습니다. 그러던 어느 날, 우울해하는 리브가에게 다가가서 등을 쓰다듬어 주었더니, 불쑥 "어머니, 둘째 아들이 너무 보고 싶어요. 고향에 돌아가서서 손자를 만나 주세요."라는 것이 아닙니까. 그 말은 슬프게도 리브가가 이 세상에 남긴 마지막 말이 되고 말았습니다.

리브가의 장례가 있던 날, 하늘이 온통 내려앉을 것만 같았습니다. 수십 년 세월이 주마등처럼 스쳐 지나갔지요. 이제 이곳을 떠나야 했습니다. 울음을 삼키며 천 리 먼 길을 나섰습니다. 길에서 보낸 시간이 얼마나 되는지는 헤아릴 수 없어요. 아마 반년은 족히 넘었을 것입니다.

　마침내 꿈에도 그리던 고향 땅을 밟게 되었어요. 둘째 손자를 얼싸안고 북받친 서러움으로 눈물을 쏟았습니다. 손자는 이젠 어엿한 성인이 되어 한 가정을 이루고 있었습니다. 짐을 풀고, 손자에게서 몇 날 몇 밤을 그간의 사정을 들었어요. 하루도 편할 날이 없었다는 손자 이야기를 들으면서, 리브가가 속앓이하던 애처로운 표정이 떠올랐습니다.

　나는 너무 늙었습니다. 걷기 힘들 만큼 나이를 먹었지요. 그래도 손자를 보면서 지낼 수 있어서 마음이 뿌듯했습니다. 그러던 어느 날, 침실로 찾아온 손자가 무엇인가 쫓기는 듯한 말투로 빠르게 말했습니다. "할머니, 떠나려고 해요." "아니 어디로?" "고향으로요." 나는 아무 말도 할 수 없었지요. 멍하니 손자의 얼굴을 쳐다보고 있는데 "저와 함께 가세요, 할머니."라고 하는 것이 아닙니까. 온갖 생각이 한꺼번에 떠올랐습니다. "아니 이 나이에? 얼마 있으면 우리 조상에게로 돌아갈 텐데. 너무 늙었어!" 그래도 소용없다는 듯 손자는 다그쳤습니다. "할머니, 함께 가세요. 제가 모시고 가겠습니다." 손자의 말에는 강한 의지가 담겨 있었지요.

　내 삶의 마지막 순간까지 같이 가겠다는 지극한 할머니 사랑으로 다가왔습니다. 그 길로 휠체어를 탄 채 머나먼 길을 떠났습니다. 대규모 식솔과 노비와 가축 떼를 이끌면서 손자는 종종 이 할미의 휠체어를 밀었습니다. 수십여 일이 걸리는 대장정 끝에 마침내 가나안 땅에 도착했습니다. 험난한 여정이었고, 별의별 일을 다 겪어야 했지요.

가장 가슴 아픈 일은 증손녀 디나가 세겜 마을 추장 아들에게 당한 일이었습니다. 그 일로 집안은 쑥대밭이 되었고, 나이가 든 손자도 딸의 비보에 어찌할 줄 모르고 비통해하는 모습에 내 맘도 무너져 내렸습니다. 갓난쟁이 시절부터 내 품에 있었던 그 손자가 갑자기 늙어 버린 것만 같았고, 안간힘을 다해 대가족을 이끌어 걸어가는 모습이 안쓰럽기만 했지요.

'인생이 이렇구나.' 지난 세월이 서글픔을 안고 물안개처럼 피어올랐지요. 휠체어에 의지해서 사는 인생에 회한이 밀물처럼 몰려오네요. 너무 늙었기 때문이죠. 나이가 들수록 깊은 울음도 깊은 슬픔도 아련해지기 마련인가 봅니다. 이제 가야 할 시간이 다가오고 있어요. 그만 써야 할 것 같습니다. 숨이 차네요.

격랑의 세월을 살았지만 그리 큰 후회는 없어요. 어찌 보면 인생은 참 아름다운 것입니다. 하늘 덕분에 살아올 수 있었습니다. 훗날 이 글을 읽게 될지도 모르는 손자에게 "야곱아, 고맙고 미안하고 사랑한다."라는 말을 전하고 싶어요.

추신: 세겜에서 큰일을 치른 후 손자 야곱은 할머니를 끝까지 모시고 벧엘까지 갔다. 거기서 할머니 드보라는 세상을 떠

났다. 유품을 정리하다 할머니 드보라의 손 글씨를 발견하고 얼마나 울었는지 모른다. 손자 야곱은 그곳 큰 상수리나무 밑에 사랑한 할머니를 묻었고, 상수리나무에 특별한 이름이 붙여졌다. '애곡의 상수리나무(알론바굿)'라는. 그리고 비석엔 "할머니, 사랑해요. 편히 쉬세요."라고 새기면서 할머니께 마지막 인사를 했다. 인생이란 이런 건가 보다.

룻의 독백, 오래전의 일

> "룻이 이르되 내게 어머니를 떠나며 어머니를 따르지 말고 돌아가라
> 강권하지 마옵소서. 어머니께서 가시는 곳에 나도 가고 어머니께서
> 머무시는 곳에서 나도 머물겠나이다. 어머니의 백성이 나의 백성이 되고
> 어머니의 하나님이 나의 하나님이 되시리니, 어머니께서 죽으시는 곳에서
> 나도 죽어 거기 묻힐 것이라. 만일 내가 죽는 일 외에 어머니를 떠나면
> 여호와께서 내게 벌을 내리시고 더 내리시기를 원하나이다 하는지라."
>
> 룻 1:16~17

    지금 돌이켜 보면 말론을 처음 만나 결혼하기까지 얼마나 행복했는지요! 하지만 친구들은 정신 나갔다고 야단쳤습니다. "너, 정말 그 외국인과 결혼할 거야? 미쳤구나!" 그들은 그렇게 말하곤 했습니다. 물론 나를 사랑했기 때문입니다. "그 사람은 우리와 종족이 다르잖아! 문화도 다르고 풍속도 다른데 어쩌자고 그런 사람과 결혼하려고 하는 거니?" 그들의 말이 옳다는 것을 알고 있었습니다. 결혼은 참 어려운 결정이었습니다. 말론과 내가 함께 극복할 시련으로 힘든 날을 보냈습니다. 그러나 그와 그의 가족에 대해 무언가 특별한 것이 있다는 것을 알고 있었습니다. 그래서 친구와 가족이 무엇이라 해도 한 식구가 되기를 원했습니다. 나이를 먹은 지금도 그 당시에 엄청난 결정을 했다는 것을 알지요.

    말론과의 결혼 생활은 참으로 행복했습니다. 친구들이 예

측했던 것과는 반대로 우리는 행복한 나날이었습니다. 남편의 형제 기룐도 내 친구들 가운데 모압 처녀 오르바와 결혼하게 되었고, 그래서 가족 중에 모압인이 둘이 되었습니다. 종종 우리 넷은 즐겁게 지냈습니다. 내 생각이지만, 시어머니 나오미는 나와 오르바와 함께 지내면서 많은 기쁨과 즐거움을 누렸습니다.

나오미는 슬픈 시간, 어렵고 힘든 시절을 보낸 분입니다. 남편 엘리멜렉이 가족을 이끌고 이곳 모압에 도착한 지 얼마 지나지 않아 세상을 떠났습니다. 고향에 심한 기근이 들어 좀 더 살기 좋은 땅이라고 찾은 객지에서 세상을 떠났으니… 미망인이 된 어머니 마음이 얼마나 슬프고 어려웠겠습니까? 그러다 보니 자연스레 아들들만이 유일한 기쁨의 원천이었습니다. 남편을 잃은 후 아들들만 쳐다보고 살아가는 여인이었습니다.

그런 즐거움과 기쁨도 오래가지 못했습니다. 아들 말룐과 기룐이 죽고 말았습니다. 하지만 남편을 잃은 슬픔이 너무 컸던 나는 시어머니의 슬픔이 보이지 않았습니다. 그저 몇 날 며칠 울었습니다. 먹지도 못하고 잠도 이룰 수 없었지요. 첫사랑이며 나의 생명 전부였던 남편이었습니다. 시간이 지나면서 어느덧 나 스스로 추스르게 되었고, 슬픔의 고통을 조금씩 삭일 수 있었습니다. 그러자 비로소 어머니의 슬픔이 보이기 시작했습니다. 남편과 두 아들을 잃은 삼중고의 상실은 나오미가 감당하기에는 한없는 고통이었던 것입니다.

　시어머니 나오미는 중대한 결심을 하게 됩니다. 오르바와 함께 시장을 보고 집으로 돌아온 그 시각, 사립문 가까이에서 우리를 맞이했습니다. 그리고 "자, 이리 오너라. 할 말이 있다." 라고 단호하게 말했습니다. "아무래도 고향으로 돌아가야겠어. 나의 하나님과 내 민족이 있는 땅으로 돌아가련다. 내가 얼마나 너희 둘을 사랑하는지 알 것이야. 그러나 나도 내 삶을 위해 떠날 때가 되었다. 너희도 각각 새로운 남편을 만나 다시 행복하기를 바란다."

　순간 나의 눈과 오르바의 눈이 마주쳤습니다. 우리는 서로 같은 생각을 하고 있다는 것을 알아차렸습니다. 홀로 길고 먼 여정을 떠나게 할 수 없다는 사실을 말입니다. 만일 어머니가 유다로 돌아가겠다면, 우리도 함께 가야 한다는 것을 알고 있었습니다.

　우리의 마음을 알게 된 어머니는 역정을 내며 안 된다고 하였으나 차츰 약해져 갔습니다. 오르바와 나의 의견을 인정해야 한다는 것을 알았습니다. 우리는 젊고 힘이 있지만, 어머니는 나이도 많고, 애통으로 쇠약해진 상태였습니다. 우리와 함께하는 여정이 훨씬 쉬울 것입니다.

　유다로 떠나는 결정이 즐거운 일만은 아니었습니다. 가지고 가야 할 짐도 많고, 날씨도 무더웠습니다. 어머니는 더없이 침울했습니다. 우리 셋은 아무 말 없이 나란히 걸었습니다. 이런저런 일을 떠올리느라 곰곰이 생각하며 걸었습니다.

오아시스에 도착했습니다. 나오미의 눈빛에서 강한 결심을 느낄 수 있었습니다. "자, 이리 와서 앉아라." 우리는 아름드리 나무 그늘 아래 앉았습니다. "오랫동안 깊이 고민했다. 아무래도 너희는 너희 고향으로 돌아가는 것이 좋겠어." 힘들게 말을 꺼내는 시어머니 표정은 일그러져 보였습니다. 우리가 유다로 돌아간다면 재혼할 기회를 가질 수 없을 거라고 생각했던 것입니다. "알다시피 너희 민족과 내 민족은 감정이 좋지 않아. 너희들이 내 고향으로 돌아가면 적지 않은 편견과 차별이 기다리고 있을 것이야. 이 생각만 해도 마음이 아프단다. 너희를 멸시하고 눈을 아래로 깔고 쳐다볼 것이야. 유대인들의 절기나 축제에 참석하지 못하겠지. 나는 너희들이 불행해지는 것을 바라지 않는단다." 어머니는 침통한 나머지 목소리가 떨리고 있었습니다.

우리 셋은 얼싸안고 엉엉 울었습니다. 너무나 슬펐습니다. 오르바는 나오미를 바라보며 고개를 끄덕이더니, "그래요. 어머니 말씀이 맞아요. 아무래도 저는 모압으로 돌아가야겠어요. 여기서 유다 지역은 그리 멀지 않아서 이제 어머니 혼자 가실 수 있을 것이에요."라고 말했습니다.

나는 아니었습니다. 내가 사랑했던 이 어른, 어머니라고 부르는 이 여인을 떠나야 한다고 생각하니 목이 메고 가슴이 찢어지는 것 같았습니다. 나오미에게는 특별한 것이 있었습니다. 그분의 하나님에게도 특별한 것이 있었습니다. 그것을 놓치고 싶지 않았습니다. "어머니가 어디로 가시든지 따라가겠습니다." 그리고 "어머니의 백성이 내 백성이 되고, 어머니의 하나님이 나의 하나님이 될 것입니다…"라고 말했습니다.

아주 오래전의 일입니다. 이제 나는 할머니가 되어 한가롭게 지내는 시간이 많아졌습니다. 그때 내린 결정이 얼마나 중대하고 중요했는지를 지금 더 잘 알게 되었습니다. 당시에 몹시 어려운 선택이었지만, 하나님께서는 우여곡절 끝에 내가 올바른 선택을 하도록 하셨습니다. 그리고 복을 주셨습니다. 놀라운 방식으로 말입니다. 돌이켜 보면 놀랄 만한 일들을 경험한 셈입니다.

여러분에게 들려주고 싶은 나의 이야기, 놀라운 이야기, 위대한 이야기입니다. 나는 내가 아는 사람들에게 말합니다. "다음에 여러분이 결정할 순간에 이르게 되면, … 하나님을 신뢰하십시오! 하나님께서는 놀라운 방식으로, 상상치 못할 방식으로 여러분에게 복 주실 것입니다. 얼마나 위대하시고 놀라운 하나님이신지요!"

하나님의 날개

"여호와께서 네가 행한 일에 보답하시기를 원하며
이스라엘의 하나님 여호와께서 그의 날개 아래에 보호를 받으러 온 네게
온전한 상 주시기를 원하노라 하는지라."

룻 2:12

형님 오르바에게:

형님을 떠나보낸 지 시간이 많이 지났군요. 그동안 잘 지내셨는지요? 시어머니 나오미와 함께 이곳에 온 후 이상하고 놀라운 일들이 일어났습니다. 참으로 고달팠습니다. 기나긴 여정 끝에 마침내 베들레헴이 가까워지자, 어머니가 더욱 침울해지셨습니다. 푸념 섞인 어조로, "하나님이 내게 형벌을 내리시는 것이야! 전능하신 하나님이 치시고 있는 것이야. 이것을 진작 알았더라면!"이라고 하셨습니다.

나는 어머니를 어떻게 위로할지 몰랐습니다. 그 말을 들을 때 가슴이 찢어질 듯 아팠습니다. 남편과 아들들이 모두 죽고, 홀로 남게 하신 그분의 하나님이 무엇이 놀랍다는 것인지, 더구나 그런 하나님을 왜 좋아하는지 이해할 수 없었습니다. 하루는 이 문제에 대해 물었더니 어머니는 "하나님은 이상한 방

식으로 일해서. 우리를 돌보실 것이야."라고 하신 것이 전부였습니다.

베들레헴에 도착하자 상황은 더욱 나빠졌지요. 시어머니 옛 친구들은 만나자마자 무척 기뻐했으나, "우리가 그랬잖아, 떠나지 말라고 하지 않았어!"라고 하면서 내 눈치를 살피는 듯했습니다. 나오미 앞에서는 예의 바르고 정중했지만, 나를 향해서는 수군거렸습니다.

이미 이곳에서 살아가기가 쉽지 않다는 것을 예상했지만, 맞닥뜨리자마자 바로 알아차리게 되었습니다. 혼자 부엌에서 얼마나 울었는지 몰라요. 내가 내린 결정을 후회하기도 했어요. 이미 어머니가 그런 일이 일어날지 모른다고 했지만, 막상 내게 거리를 두는 그들의 표정과 태도는 견디기 힘들었습니다. 아무도 말을 걸어오지 않았습니다. 마치 나를 존재하지도 않는 사람처럼 대했으니까요.

형님은 내가 얼마나 외롭고 슬펐는지 상상할 수 없을 것이에요. 혼자된 여자의 몸으로 낯선 타국에서 산다는 것이 얼마나 힘든지를 온몸으로 배우게 되었습니다. 마치 가파른 언덕을 올라가면서 전투를 치르는 군인들처럼, 언덕배기를 기어오르면서 삶의 전투를 치러야 했습니다. 게다가 유대인이 모압인을 무작정 미워하고 멸시했습니다. 나 홀로 온밤을 지새우며 울던 날들이 하루 이틀이 아닙니다. 그때마다 어머니가 말씀하신

'이상한 방식으로 일하신다는 하나님'을 되새기곤 했습니다. 그렇다고 해서 베들레헴 사람들의 수군거리는 소리나 조롱 섞인 눈빛이 달라지는 건 아니었습니다.

어느 때는 잠들지 못하고 밤늦게까지 나오미의 하나님께 내 사정을 말씀드렸습니다. 어머니는 하나님께서 바라시는 일이라고, 내게 도움이 될 것이라고 하셨습니다. 처음에 무엇을 어떻게 하나님께 말씀드려야 할지 몰랐던 나는 솔직하게 마음속에 있는 것을 다 털어놓기로 작정하였습니다.

하나님께 다 말했습니다. 심지어 우리에게 일어난 끔찍한 일들이 하나님께서 나오미와 내게 일어나도록 했다는 생각에 이르면 얼마나 화나고 분했는지도 다 말씀드렸습니다. 지금 생각해 보니 왜 그랬는지, 어떻게 그랬는지 잘 모르겠어요. 그러나 하나님께 말씀드리고 난 후에 편안해지더군요. 내가 자란 고향에서 여러 신들에게 말했을 때와는 아주 달랐습니다.

하지만 지난 여러 달 동안 떠올리기도 싫은 끔찍한 날들을 어머니께 한마디도 하지 않았습니다. 허기는 늘 가까이 있었고, 피로와 피곤으로 찌들은 어머니에게 더 이상 무거운 짐을 지워드릴 수는 없었지요. 앞만 보고 살아야겠다고 마음먹고 내 처지를 힘겹게 하는 고통과 괴로움을 잊어버리려고 했습니다.

우리에게는 당장 먹고사는 생존의 문제가 시급했습니다. 어디선가 돈을 벌어야 하지 않겠어요? 나오미가 고향에 돌아오려고 마음먹었을 때 무엇이라고 말씀했는지 기억하세요? 그때 하나님께서 그의 백성들을 위해 양식을 주시고 있다고 하셨어요. 형님, 기억하시죠? 그런데 사실은 쉬운 일이 아니었답니다. 일용할 양식을 얻기 위해서는 돈이 필요했지만 우리에게 돈이 없었습니다. 이제 굶어 죽겠구나! 그렇게 생각했습니다.

그러다가 가난한 사람들에게는 들에서 이삭을 줍도록 허락한다는 흥미로운 유대인의 법 하나를 알게 되었고, 이 법이야말로 우리에게 식량을 해결해 줄 거라고 생각했습니다. 나오미의 친구들에게 물어보았더니, 눈초리가 이상했습니다. 아무도 그 법에 관해 설명해 주려고 하지 않았습니다. 그 대신 "조심해야 해!" 하는 말이 전부였습니다. 그 말의 의미를 한참 후에서야 깨닫게 되지만, 퉁명스러운 대답을 들었을 때는 난감하고 원망스러웠습니다. 왜 좀 더 친절하면 안 되는 것일까? 한번 처지를 바꾸어 놓고 생각할 수는 없을까? 하고 말입니다.

우리가 살고 있던 마을에서 가장 가까운 밭으로 이삭을 주우러 갔습니다. 밭에서 일하는 일꾼들의 뒤를 따라 이삭을 줍고 있었는데, 의복을 잘 차려입은 한 남자가 걸어오는 것이 보였습니다. 품위 있는 그 마을의 유지 같았어요. 일하는 사람들 모두에게 친절했고 예의가 바른 사람이었지요. 그렇더라도 내 경우는 다르지 않았겠습니까? 다른 나라 여자가 밭에서 이삭을 줍고 있어서 기분을 상하게 한 건 아닌지 걱정이 앞섰습니다. 대뜸 "당신은 어디서 온 여자야? 누구 허락으로 이삭을 줍는 것이야? 여긴 유대인들만 올 수 있어!"라고 다그치면 어찌하겠습니까? 두렵고 떨렸습니다.

그런데 형님! 놀라운 일이었습니다! 믿어지세요? 정말 꿈꾸는 듯한 일이 일어났습니다. 너무나 충격을 받은 나머지 그분에게 떠오르는 대로 정신없이 말했습니다. 무엇이라고 했는지 아세요? "왜 나 같은 모압 여자에게 이렇게 친절하십니까?" 아마 형님은 그 사람이 내게 말한 것을 들으면 믿지 못할 것에요! 그분이 무엇이라고 대답했는지 아세요? 그분은 나오미와 나에 대해 이상한 말을 했습니다.

그의 하나님께서 나에게 상을 주라고 했다는 것입니다. 그 하나님은 날개를 갖고 계시는데 내가 그 하나님의 날개 아래 피난처를 찾아왔다고 했어요. 그 말의 뜻을 전혀 이해할 수 없었습니다. 그런데 그 말을 듣는 순간 갑작스럽게 안전하다고 느끼게 되었고, 하나님과 이 사람에 의해 보호받고 있다는 생각이 들었습니다.

그 사람에게, 당신의 말이 나에게 얼마나 많은 것을 의미하는지를 전했습니다. 그러자 믿거나 말거나! 그가 그의 하인들과 함께하는 점심 식사 자리에 초대하는 것이었습니다! 지난 일주일 동안 제대로 먹지 못한 나로서는 얼마나 고마웠는지 모릅니다. 그뿐 아니라 음식을 싸서 집에 있는 나오미에게도 드릴 수 있었습니다.

그날 오후, 이삭을 주우러 다시 밭에 가자, 사람들의 시선이 달라졌습니다. 몇몇 여자들은 친절하게 대했습니다. 그뿐만이 아니라, 밭에는 더 많은 밀 이삭들이 널려 있었습니다. 밭에서 일하는 사람들이 내가 주워 가도록 더 많이 남겨 둔 것만 같았지요.

이 사람들과 이 하나님에 대해 아직도 이해하지 못하는 일들이 많습니다. 어머니 나오미가 말씀하신 것이 모두 사실이라면, 이 사람 보아스야말로 유대인의 하나님과 아주 특별한 연관이 있을 것이 분명합니다. 그분은 대부분의 사람들과는 너무나 달랐습니다. 혹시 그가 하나님의 날개가 아닐는지요? 오늘은 이만 줄이겠습니다.

사랑을 담아서, 손아래 동서 룻 드림

더 더 더

돈을 싫어할 사람은 없다. 나도 그렇고 여러분도 그럴 것이다. 돈이 있어야 사람 구실 할 때도 있고, 돈이 많으면 여기저기 좋은 일도 할 수 있다. 돈이 많으면 사람들이 부러워하고, 알아주고, 어깨를 펴고 다닌다. 돈이 있으면 힘이 생기고, 돈이 있는 사람은 무시하지 못한다. 그래서 돈 힘이 센 것이다.

한편 돈 때문에 비참해지기도 하고, 때론 굴욕을 당하기도 한다. 지갑이 가벼우면 왠지 불안하고, 돈이 없으면 무시를 당한다. 어깨가 축 처진다. 돈으로 사람이 판단받는 세상이기 때문이다.

돈을 멀리하라는 말은 안 하겠다. 돈이 가까이 있으면 좋다. 열심히 버시길. 그런데 아무리 애를 쓰고 노력해도 돈이 들어오지 않는다. 다른 사람에게 손을 벌려야 할 때도 있다. 이럴 땐 참 비참해진다. 개도 먹지 않는 돈 때문에 때론 치사해지기도 한다.

정체가 불분명한 게 돈이다. 좋은 듯하고 나쁜 듯하니 헷갈린다. 사실 돈은 물건이나 물질에 불과하다. 말도 못하고 듣지도 못하고 걸어 다니지도 못하는 비인격적 물건이다. 때론 유령처럼 보이지 않는 가상 세계를 시공을 초월하여 다니기도 한다. 그런데 놀랍게도 사람과 관계를 맺기 시작하면 무서운 힘이 생기기 시작한다. 있느냐 없느냐에 따라 돈은 즐거움, 보람, 행복, 비참, 아픔, 슬픔, 좌절, 죽음을 좌지우지하다 보니, 돈은 전능신(全能神, Almighty God)의 반열에 등극하게 된다. 이렇게 돈은 하나님과 맞먹는 또 다른 신이 된다. 우상이라고 부르는 신 말이다.

사람은 본성적으로 오직 하나에 마음을 쏟게 되어 있다. 하나님이나 돈이나 둘 중의 하나에 마지막 충성을 하게 되어 있다. 성경에선 '충성'을 종종 '사랑'과 동의어로 사용한다. "하나님께 마지막 충성을 다할래, 돈에 마지막 충성을 다할래?"라는 공격적 질문은 "궁극적으로 하나님을 사랑할래, 돈을 사랑할래?"라는 질문으로 바꾸어 말할 수 있다.

그런데 슬프게도 어설픈 우리는 종종 그 가운데를 왔다 갔다 한다. 이리 갈까 저리 갈까 망설이고 주저한다. 이른바 '갈라진 마음'이다. 갈라진 충성, 갈라진 사랑, 나눠진 헌신이다. 한 조각의 붉은 마음(일편단심, 一片丹心)이 아니다.

돈을 사랑한다는 말은 '더' 가지려는 것을 뜻한다. 요즘 사람들은 '더'를 무지하게 좋아하는데, 돈으로 무엇인가를 '더' 소유할 수 있기 때문이다. 있는 것에 만족하면 돈을 사랑하는 것이 아니다. 항상 '좀 더, 좀 더, 좀 더'가 문제여서, 밑바닥이 없는 무저갱(無底坑) 같은 인간 마음에는 만족이라는 게 살지 않는다. 아니 살 수 없다. 늘 탄탈로스의 목마름이 있다.

늘 부족하다고 느끼기에, "좀 더! 좀 더!"하며 부족한 것을 채우려다 보니, 채울 수 있는 도구인 돈을 사랑하게 되는 것이다. 돈을 사랑하는 교회, 돈을 사랑하는 목사, 돈을 사랑하는 신자, 이보다 더 비극적인 일은 없다.

"돈을 사랑하지 말고 있는 바를 족한 줄로 알라."고 사도께서 우리에게 권고한다. 있는 것으로 나그네를 대접할 줄 알고, 물질보다 사람을 소중하게 여기고, 없는 사람에게 조금이라도 나눠 주면서 그들과 연대하고, 소박한 마음과 정신으로 소박하고 정갈하게 살고, 신분으로 사람을 차별하지 않고, 누구에게든 마음이 편한 사람이 진정 부유한 사람이다. 이제 누구에게 머리를 숙일지 선택은 여러분에게 달려 있다. 돈 사랑이든 하나님 사랑이든 여러분이 결정해야 한다.

마지막으로 돈을 사랑하지 않고 현재 있는 것에 만족하며 살기로 하는 사람에게 주님께서 이런 약속을 하셨다는 것을 기억하시길. "내가 결코 너희를 버리지 아니하고 너희를 떠나지 아니하리라." 하나님께서는 돈이 아니라 하나님을 신뢰하는 자의 생사화복을 책임져 주시겠다는 약속이다. 이 약속을 믿는 사람은 돈이 있든 없든 행복한 사람이다. 물론 돈이 없으면 엄청 불편하기는 하지만!

하나님의 마음을 여는 방법

"주님, 상 아래에 있는 개들도 자녀들이 흘리는 부스러기는 얻어먹습니다."

막 7:28

아주 오래전 한 페니키아 여인이 찾아와 생면부지의 유대인 예수의 발 앞에 엎드려 귀신 들린 딸을 고쳐 달라고 간청하였다. 요즘 조현증, 조울증, 우울증 같은 정신 질환자 십 대 자녀를 둔 부모 마음일 것이다. 그런데 예수께서 심하게 말씀하신다. "지금 쌀값이 얼마나 비싼 줄 알아. 애들에게 먹일 밥도 귀한데 어떻게 강아지들에게 준다는 말이야? 그럴 수는 없지?" 절박하게 내민 그녀의 손을 매몰차게 내쳐 버린다.

거절당한 손을 다시 거둬들여야 했던 여인은 비참한 처지가 되었고, 자존심을 무참히 짓밟혔다. 공개적인 수모와 창피를 당한 여인은 생각할수록 부아가 치밀어 오를 수도 있다. 예수님은 정말 너무 하신다. 예수님만 그러셨나? 그분의 아버지 하나님도 종종 그러시지 않던가?

내가 그 여인이었다면 이렇게 쏘아붙였을 것 같다. "당신이 언제 나를 봤다고 초면에 그따위로 말하는가? 고쳐 줄 의향이 없으면 안 된다고 하면 될 것이지, 뭘 그렇게 까칠한 거요. 내

참 기가 막혀서!" 또는 "살다 보니 별꼴 다 보네. 여기가 어디라고?"라고 쏘아붙였을 것이다. 그러나 당황스럽고 황당한 상황에서도 그녀는 유머 감각을 잃지 않고 대답했다. "나으리, 강아지들도 주인의 상에서 떨어지는 빵 부스러기는 먹지 않겠습니까?"

품격 있는 재치와 유머 감각은 하루아침에 습득되는 것이 아니다. 귀신에 사로잡혀 불에도 넘어지고 물에도 빠지는 천방지축의 불쌍한 딸을 두었으나 해학과 유머와 클린 조크를 던질 수 있던 그녀야말로 멋지고 매력적인 여인이 틀림없다. 아마 모성애를 가진 여인만이 가능하다고 가늠해 본다. 불행 중에도 여유를 잃지 않는 여인의 넉넉함은 예수님 마음마저 사로잡았다. 하나님은 유머에 마음을 여시고 은혜를 베푸시기도 하신다. 이를 악물고 하는 유머든, 넉넉한 유머든 상관하지 않으신다.

성경의 열두 인물의 대선 투표

"나는 꺼리지 않고 하나님의 뜻을 다 여러분에게 전하였습니다."
행 20:27

신학과 신앙에 바탕을 깔고 투표하라

신학과 신앙은 분리되기가 어려워야 한다. 머리와 가슴이 어찌 분리될 수 있단 말인가? 그런데 정말 그러한가? 전통적으로 한국 교회 교인들은 교회 중심적 신앙생활하기로 정평이 나 있다. 성경 공부나 목사 설교로부터 신앙을 배운다. 뭐 제대로 배웠다면 별로 문제는 아니다. 배웠다 하더라도 몸에 배어나야 하는데 그것도 아닌 듯할 때가 많다.

덮어놓고 종교 생활을 하는 사람들은 삶의 자양분이 되어 영적 근력을 만들어 가는 배움에 대해선 별로 관심이 없다. 그저 열심히 다니고 주의 종에게 순종하면 훌륭한 그리스도인이 된다고 생각한다. 스스로 생각하기에 부족하다 느끼니 더더욱 열심을 내기 마련이다. 종교적 달리기에 매우 익숙한 체형이 되었다. 왜 달리는지, 어디로 달리는지는 별로 중요치 않다.

세렝게티 평원을 무리 지어 다니는 들소 떼와 같다. 앞 녀석 궁둥이만 보고 그저 덮어놓고 움직인다. 이렇게 열심히 달리면 하늘의 큰 상을 받는다는 은근 선동적 설교에 세뇌당했기 때문이다. 따지거나 질문하는 것은 반신앙적, 비신앙적 태도이기에 버려야 하는 못된 습관이라고 했다. 어디 교인들에게만 있는 문제인가?

물론 교회 알기를 우습게 여기는 일부 지식층과 사회 권세가들이 없는 것은 아니다. 착하고 열심 있는 아내의 성화에 못 이겨 체면치레로 교회에 앉아 있는 남자들이 그렇다. 게다가 사회적 지위나 신분을 그대로 인정받아 교회에서도 고속 승진하기도 한다.

더 근본적으로 목사의 설교가 교인의 신앙과 사고방식을 형성하는 데 중심 요인일까? 이 점에 회의적이다. 설교자의 신학적 식견 자체가 편파적이거나 지엽적인 경우가 많다. 안타깝게도 부실한 신학 교육의 문제점이 목사의 설교에 드러난다. 자격증 습득을 위해 신학교에 다니는 사람도 적지 않을 뿐더러, 일단 목회 현장에 투입된 지역 교회 목사는 교회 유지나 성장에 급급한 나머지(어느 정도 이해할 수 없는 것은 아니지만!) 강단에서 선포하는 메시지가 이 땅 위에 실현되기를 간절히 바라시는 '하나님의 온전한 경륜(the whole counsel of God / the whole purpose of God)'(참조, 행 20:27)을 드러내고 있다고 말할 수 있는가? 역부족이지 않은가? 이에 앞서 '하나님의 온전한 뜻'이 무엇인지 분명한 이해가 없을지도 모른다!

수많은 설교 기회를 통해 설교자는 '하나님의 온전한 뜻'을 드러내는 일에 총력을 기울여야 한다. 무엇이 하나님의 온전한 뜻이며 경륜인가? 일그러지고 깨어진 세상, 배도와 불의로 가득한 세상, 냄새나고 부패한 세상, 그런 세상을 만들어 놓고 희희낙락하는 타락한 인간 군상들을 바라보시며, 못내 한숨지으시며 깨어 부수시고 잔해물을 처리하시고 새롭게 재건축하시겠다는 것이 하나님의 온전한 뜻(경륜)이 아닌가? 오염된 세계, 죄로 물든 인성을 온전하게 되돌려 회복하시겠다는 재건축 프로그램이 아닌가? 우리는 그것을 구속이니 구원이니 하는 말을 붙이지만, 그 규모는 광대하여 우주적이고 그 기간은 영원에서 영원으로 이어진다.

하늘에서 이루어진 것처럼 이 땅 위에서도 이루어지기를 기도하라 했던 그 '하나님의 뜻'이 아니던가? 하나님의 뜻과 경륜, 하나님의 평판과 명예, 하나님의 다스림과 나라가 점점 수렁으로 가라앉는 이 불쌍한 세상으로 돌입하여 오기를 기도하고, 기도한 후에는 팔을 걷어붙이고 하나님 나라의 역군으로 나서라는 것 아닌가? 이 세상 그 어느 곳 하나라도 예수께서 "모두가 다 내 것이야!"라고 하신 주권 선언이 적용되지 않는 곳은 없다는 것 아닌가? 정치, 경제, 문화, 사회, 교육, 가정, 학교, 일터, 하늘과 땅, 대양과 삼림, 세포와 우주 모두의 주권자가 그리스도라 고백하고 사는 사람들이 진정 그리스도인이 아닌가?

이른바 하나님 왕국의 신학이 모든 설교자의 핵심 기조여야 하지 않겠는가? 예언자들이 대안의 세계로 보여 주었던 정의와 공의로 다스려지는 세상을 꿈꾸며 하나님의 정의로운 다스림에 굴복하겠다고 맹세하는 그리스도인들과 목회자들이 사방에서 우후죽순처럼 일어나기를 간절히 소원한다. 신학과 신앙은 결코 분리되어서도 안 되고 분리될 수도 없다.

열두 명의 사도들과 예언자들의 대선 투표 결과

대선 기간에 바울, 베드로, 마태, 마가, 누가, 요한 등 여섯 명이 모였다. 이사야, 예레미야, 에스겔, 다니엘, 미가, 하박국 등 여섯 명이 모였다. 모두 열두 명이 한국 대선판에 투표하러 등장했다. 개인적 성향과 학력, 배경과 경력이 다양한 투표인들이다. 고학력자, 관료 출신, 어부 출신, 국세청 출신, 의사 출신, 부동산 재벌 아들, 고시 출신, 순회 설교자 등 다양한 배경을 가졌다. 그런데 한 가지 공통점이 있다. 모두 하나님 나라에 충성하는 사람들이었다. 하나님 나라의 가치에 복종하는 사람들이었다.

그들은 이 세상이 온전하지 않다는 것도 잘 알고, 대선 후보들이 도덕군자가 아닌 것도 알고 있었지만 투표를 포기하지 않겠다고 한다. 그들은 이중 시민권자들이기 때문이었다. 하늘 시민권과 이 땅의 시민권이 있었다. 책임성 있는 하나님 나라의 시민으로 대선에 참여하게 된 것이다.

열두 명의 대선 후보들을 자세히 보았다. 오염된 신문과 방송들도 살펴봤다. 그리고 공동 성명서를 발표했다. 그 내용을 대충 적어 보자면 이렇다. 분명 그들에게는 "우리가 남인가!" 하는 지역주의는 없었다. 토지의 신인 바알을 섬기는 우상 숭배이기 때문이다. 미움과 증오로 투표해서는 안 된다. 후손에게 물려줄 나라를 생각하며 투표를 해야 한다.

투표는 과거지향적이 아니라 미래지향적이어야 하고, 거짓을 미워해야 한다. 국민을 통합하고 국민 모두에게 실현 가능한 비전을 보여 주는 사람을 찍어야 한다. 정의로운 사회를 갈망하는 사람, 권력을 칼처럼 휘두르지 않을 사람, 더러운 똥파리들이 덜 끼는 후보, 외골수 사시(斜視)로 세상을 보지 않은 인물, 눈물로 빵을 먹어 본 사람, 아픔을 경험해 본 사람, 긍휼의 마음과 눈으로 사람을 보는 사람을 찍어야 한다.

성명서 발표 후 그들은 함께 모여 사전 투표를 했다. 그 결과는 놀랍게도 완전히 일치하지 않았다! 역시 민주주의자들이었다. 지연, 학연, 인맥, 혈연의 악순환 고리를 과감하게 끊고, 오로지 하나님 나라의 시각에서 바라보았음에도 그랬다. 더욱 놀라운 사실은 열두 명 중에 딱 한 사람만 의견을 달리했다. 열한 명은 의견이 일치했고 한 후보에게 표를 던졌다. 역시 열두 명 중 한 명은 가룟 유다, 어느 사회나 그가 있나 보다!

예약 없이 찾아오는 시련

> "하나님께서는 여러분의 믿음을 단련하셔서, 불로 단련하지만 결국
> 없어지고 마는 금보다 더 귀한 것이 되게 하시며, 예수 그리스도께서
> 나타나실 때 여러분에게 칭찬과 영광과 존귀를 얻게 해 주십니다."
>
> 벧전 1:7

　살다 보면 이런저런 시련이 온다. 크기와 강도와 형태가 각
각 다르다. 닥치는 때와 시간도 제멋대로였고, 예약하고 오는
법이 없었다. "주님, 시험에 빠지지 않게 해 주세요. 해악에서
구출해 주세요." 아무리 기도해도 마찬가지이다. 온갖 시험과
시련은 왜 오는 것일까?

　우리의 사도 베드로 목자님의 가르침에 따르면 이렇다. 시
련 속에 있는 신앙은 금보다 훨씬 가치가 있다. 알다시피 금도
엄청 뜨거운 불에는 녹아 버리는데, 금보다 더 값지다고 한 신
앙은 어떤가? 사도 베드로는 시련의 풀무 속으로 들어가 보면
지금 내 신앙이 진짜 신앙인지 허울 좋은 신앙인지 증명이 된
다고 하셨다. 듣고 보니 그런 것 같다. 녹아 버리지 않는 신앙
이 진짜 신앙일 텐데 말이다.

　그렇다. 흔들리지 않는 신앙, 견고한 신앙은 시련 속에도 예
수 그리스도를 드러내는 신앙이다. 예수 그리스도를 드러내는
신앙이야말로 하나님과 사람에게 칭찬과 영광과 명예를 받게

될 것이다. 그러므로 어떤 일을 당해도, 아무리 견디기 힘든 풀무의 시련 속에 빠지게 될 때라도 우리의 구원자 예수 그리스도를 의지해야 한다. 거기에 미리 가서 기다리고 있는 그분께서 우리를 반드시 건져 내실 것이다.

계획 세움과 실행

"사람이 마음으로 자기의 길을 계획할지라도
그의 걸음을 인도하시는 이는 하나님이십니다."
잠 16:9

덮어놓고 사는 사람도 있지만, 대부분 계획을 세우며 산다.
사업 계획, 결혼 계획, 모임 계획, 출산 계획, 여행 계획, 진학
계획, 연구 계획, 유학 계획, 이사 계획, 공연 계획, 건축 계획,
투자 계획, 설립 계획, 치료 계획, 건강 계획, 노후 계획, 목회
계획 등등 계획의 종류는 끝이 없다.

어떤 계획이든 일차적으로 혼자 시작한다. 장래에 관한 계
획이기에 중요하다. 자신과 관련된 계획이기에 겉으로 드러내
지 않고 온갖 궁리를 다하며 비밀스럽게 세운다. 머리를 쥐어
짜며 끙끙거린다. '이렇게 하면 어떨까, 저렇게 하면 어떨까, 그
렇게 하면 안 될지도 몰라.' 하며 하루에도 수없이 모래성을 쌓
다 허물다가, 다시 잘 들여다보면 이리저리 얽히고설킨 온갖
난맥(亂脈)이 보인다. 아하, 심각한 문제도 보인다. 아무리 좋은
계획이라도 성공하려면 그리 간단하지 않다.

온갖 추한 생각이 꿈틀대는 것이 보이기 시작한다. 옳은 길
이나 큰길로 가는 것도 좋지만 성공을 위해 지름길을 택하려

하고, 목적이 수단을 정당화해야 한다는 생각이 든다. "꿩 잡는 게 매야." "모로 가더라도 서울만 가면 되는 거 아냐." "결과만 좋으면 과정이야 어떻든 상관없어!" "다 좋은 게 좋은 거야!" "내가 이렇게 하는 게 다 좋게 하려고 하는 거 아니겠어."라며 자기 합리화를 한다.

이른바 잔머리, 잔꾀, 꼼수, 잔재주, 술책, 계략, 음모, 모략, 헐뜯기, 속임수 등이 마음속을 거칠게 어지럽힌다. 목적을 이루기 위해 인정사정(人情事情) 볼 것 없다. 걸리적거리는 놈이 있다면 어떻게 처리할까? 도덕과 윤리는 나중이다. 수단과 방법을 다 동원하겠다는 생각이 스멀스멀 올라온다. 점점 비열해지는 자신을 발견한다. 좋은 계획을 세우려 했지만, 일그러지고 냄새나는 내가 보인다. 아, 불쌍한 나여! 구제불능이로다!

이처럼 사람의 속은 늘 부패해 있다. 누구도 자기를 믿어서는 안 된다. 인간의 연약성과 취약성을 깊이 인식하고, 자신이 계획하고 꿈꾸는 것을 정의로우신 하나님의 저울에 달아봐야 한다. 그분의 정의와 공평의 저울에서 교정을 받아 깨끗하게 되기를 바란다. 그분이 파란불 사인을 주실 때 비로소 출발하라. 당신이 계획했다고 마음대로 실행에 옮기는 것이 아니다.

발걸음을 인도하시는 분은 궁극적으로 하나님이시다. 그분의 이끄심에 따라 이끌려지게 될 것이다. 운전대를 그분에게 맡기고, 그분과 함께 여정에 오르기를 바란다. 그분이 만들어 놓은 트랙 위로 그분과 함께 걸어가야 한다. 당신의 든든한 길벗이신 그분께서 지금부터 영원까지 동행하며 인도하실 것이다.

주님, 앞장서서 우리의 길을 인도하시는 당신을 찬양합니다. 오늘도 씩씩하게 우리의 길을 걸어가겠습니다.

시장과 종교

"하나님께서는 두 가지 저울추를 쓰는 것을 역겨워하십니다.
저울눈을 속이는 것은 옳지 않습니다."

잠 20:23

큰 사업이든 작은 가게이든 사업하는 사람의 목적은 돈을 버는 것이다. 돈을 버는 일은 비난받을 바가 아니어서 열심히 벌어야 한다. 그게 마음대로 되지 않아서 고민거리지만 말이다. 갈수록 사업 영역도 거침없이 넓어졌다. 블루오션도, 레드오션도 점점 많아지고 있다.

어쨌거나 이익 창출을 위해 사업을 확장한다. 많이 버는 것보다 정당하게 버는 길을 택해야 하고, 많이 벌려다 보면 온갖 잔꾀나 꼼수를 쓰기도 한다. 잔꾀나 꼼수는 속이는 눈금, 치사한 저울추와 같다. 더럽게 많이 버는 것보다 깨끗하게 적게 버는 길을 택해야 한다.

돈 앞에 장사가 없다. 욕심은 대양과 같아 온갖 강물과 시내와 폐수와 오수까지 다 삼킨다. 끝이 없다. 학교, 병원, 종교법인, 동호회, 복지법인, 교회, 사찰, 성당 등 영리를 목적으로 하지 않고, 공동의 이익(共益)이나 사회 전체의 이익(公益)을 목적으로 하는 단체들을 비영리 단체라고 하지 않는가? 그러나 비영리 단체라고 등록하고 돈 버는 데 혈안이 된 경우도 우리 주변에 많다.

부정한 방법으로 돈 벌기 위해 뒷거래, 내부자 정보 빼돌리기, 이면계약, 무자료 거래, 정량을 속이기, 일감 몰아주기, 눈금 속이기, 경쟁업체 죽이기, 노동력 착취, 독점 지위 확보, 카르텔 형성 등 온갖 불의가 행해진다. 오죽하면 윤리 경영이라는 말이 나왔겠는가?

옛날 농경 사회에서 저울추나 저울 눈금이 정직한 상거래의 상징이었다. 근데 그 옛날에도 돈 욕심으로 충만한 시뻘건 눈으로 스리슬쩍 손님의 눈을 속이는 일이 비일비재했던 듯하다. 예나 지금이나 다름이 없다!

하나님은 한결같은 저울추, 정직한 저울을 좋아하신다. 이게 뭔 뜻인가? 시장(市場)과 종교(宗敎)는 뗄 수 없는 관계라는 말이다. 신앙생활과 생활 신앙은 한 분 하나님 아래 통일된 삶이다. 하나님을 나눌 수 없는 것처럼 우리의 삶도 나눌 수 없다. 우리의 삶을 통째로 하나님께 드려야 한다. 시장의 하나님은 교회의 하나님이시기 때문이다. 어쨌든 돈 많이 벌고, 제대로 벌고, 정직하게 벌어야 한다. 땀 흘려 벌어야 한다. 날로 먹겠다는 생각은 아예 버리길. 그렇지 않다면 불한당(不汗黨)이다.

어떤 공기를 마십니까?

"여러분은 이 시대의 풍조를 본받지 말고, 마음을 새롭게 함으로
변화를 받아서, 하나님의 선하시고 기뻐하시고 완전하신 뜻이 무엇인지를
분별하도록 하십시오."

롬 12:2

여러분의 공기는 어떠한가? 숨 막히는 탁한 공기, 메케한 냄새가 나는 공기, 초미세먼지로 가득한 공기, 오염된 공기, 맑고 깨끗한 공기, 시원한 공기, 포근하고 따스한 공기, 차디찬 공기, 스산한 공기, 험악한 공기 등이 있다. 그러나 공기는 선택 사항이 아니다.

알든 모르든 '주어진' 공기를 마시고 산다. 때론 '대세 공기'라는 것도 있다. 주류 공기이다. 마시는 공기는 천천히 보이지 않게 사람의 건강에 영향을 미친다. 이런 이유로 인류는 기후 변화에 신경을 쓰게 되었다.

이처럼 어느 시대든지 시대정신(zeitgeist) 혹은 세계정신(weltgeist)이 있다. 사람들은 알든 모르든 시대정신 안의 공기를 마시며 살아간다. 이 세상에는 서로 경쟁하는 사상들/주의들/문화들이 공중에 떠 있다. 왜 이런 공기들/문화들/주의들/사상들이 등장할까? 그들은 불안한 인간에게 안전감을 주겠다고 선전하는 약장수이기 때문이다.

누구든지 희망과 두려움을 갖고 있다. 이러한 인간 실존의 희망과 두려움을 일관성 있게 설명할 틀을 제공하겠다는 허황한 약속을 캐치프레이즈로 내세우는 것이 우리 시대의 각종 공기/문화/주의들이다. 서로 앞다투어 사람들을 현혹한다. "우리가 파는 공기를 마시면 당신의 영혼과 미래는 안전할 것입니다."라고 말이다.

우리 시대를 휩쓸고 있는 영향력 있고 경쟁적인 사상과 주의의 공기들은 무엇이 있을까? 몇 가지만 들자면, 인본주의, 자아 중심주의, 허무주의, 성공주의, 학벌주의 외모 지상주의, 인기주의, 대형 최고주의, 다원주의, 상대주의 등이 있을 것이다. 이런 것을 효율적으로 유통하는 가장 막강한 매개체는 카톡과 유튜브이다. 이젠 단순 매개체 역할을 넘어 종교가 되었다. 신자들도 상당한 시간을 카톡과 유튜브 제단에 엎드려 신적 계시와 영감을 받는다. 서글픈 현상이다.

희망과 두려움 사이를 헤매는 불안한 영혼들이여, 이 시대 정신, 이 시대의 공기를 분별하라. 아니 적극적으로 저항하라. 이 세상이 여러분의 삶과 생각과 신앙을 주형(鑄型)하려는 모든 그럴듯한 패턴을 거절하라. 세상 압축기에 굴복하지 말고, 성령께 새로운 바람을 불어 달라고 부탁하라. 성령은 새바람, 신선한 바람, 사람을 살리는 바람이기 때문이다. 새로운 공기, 맑고 깨끗한 공기를 들여 마시고, 성령께 한 가지 더 부탁하라. 여러분의 마음을 새롭게 주형해 달라고 말이다.

　마음의 근본적 변화와 변형을 통해 본디 모습(本態)을 회복해야 한다. 이 혼탁하고 어지러운 세태에서 하나님의 뜻이 무엇인지를 시험하고, 그런 훈련을 통해 "아하 이것이 하나님의 뜻이구나."라고 그 뜻 옆에서 멋진 인증 사진을 찍게 될 것이다. 하나님이 의도하신 뜻은 언제나 좋고, 언제나 흡족하고, 언제나 온전하다.

PART 7

성경이
가르치는
원리

똑바로 우아하게 걷기

"마땅히 걸어야 할 그 길을 아이에게 가르쳐라.
그러면 늙어서도 그 길을 떠나지 않는다."

잠 22:6

성경이 가르치는 원리는 크리스천의 삶을 형성하고 조형한다. 그렇게 되도록 해야 한다. 흥미로운 점은 그 원리에 따라 실습하듯 신앙생활을 하면 할수록 성경적 원리가 더욱 정교해지고 분명해진다. 이렇게 하여 원리와 실습은 상호 작용을 통해 견고한 성채가 되고, 마귀의 공격에도 끄떡없는 난공불락의 철벽 요새 안에 남아 있게 된다. 안전 보장보다 더 복된 선물이 어디 있겠는가?

마땅히 걸어갈 길을 차근차근 배우자. '길'의 은유로 말하자면, 성경이 가르치는 원리를 배우라는 말이다. 그 길로 똑바로 걸어가야 한다. 걷되 우아하게 걷는 연습을 하면서, 몸에 자연스럽게 밸 때까지 그 길을 걷다 보면 나이가 들어도 똑바로 걷고 우아하게 걷게 된다.

우아하게 걷는다는 것은 하나님의 말씀을 삶 속으로 받아들이고, 그 말씀이 삶을 온전히 다스리도록 실습하는 데서 얻어진다. 그러면 하나님의 말씀이 당신의 삶 안에 분명해지고, 당신의 삶도 깨끗하고 튼튼해진다. 하나님의 가르침과 말씀은 꿀 같이 달고 바위같이 든든하며 바다같이 넓고 어머니의 품처럼 따스하다. 때론 황소의 힘을 주어 불굴의 용기로 난세를 돌파하게 할 것이다.

뜬금없는 질문에 황당한 답변을

"그들의 신은 배요."
빌 3:19

　주일 아침이면 교인들은 제 시간에 교회로 향한다. 목사인 내가 볼 때도 참 훌륭하고 존경스럽다. 목사는 당연하게 교회에서 설교해야 하니 그렇다지만 교인들은 신앙생활 똑바로 하라고 설교 중에 야단맞으면서 단정하게 준비한 헌금을 지참하고 교회에 간다. 이 세상에 어느 단체나 집단의 구성원이 자발적으로 돈을 내고 이런저런 지적을 받고 꾸지람을 듣는 곳이 교회 말고 어디 있는가? 교회는 이상스러운 공동체임에 틀림없다. 이런 점에서 우리 목회자는 조용히 반성해야 한다.

　칭찬받는 열성 교인들에게도 아쉽고 허술한 것이 있어 한마디 하려 한다. 알다시피 신앙생활에서 중요한 일은 성경을 존중하는 태도이다. 성경을 베개 삼아 베지 말라는 의미가 아니고, 성경을 신주(神主) 모시듯이 하라는 것도 아니다. 성경이 말씀하고자 하는 바를 올바로 파악하고 이해하고 그에 따라 살려고 하는가. 이것이 적극적으로 성경을 존중하는 태도이다.

　그러니 성경에 대한 문해력은 필수이다. 하나님이 무엇을 말씀하시려는지를 알아야 하지 않겠는가? 기록된 성경의 글자 뜻이라도 정확하게 알아야 한다. 그런데 상당히 많은 교인이 덮어놓고 신앙생활을 한다. 얻어들은 풍월에 따라, 오래된 불문율 관습에 따라 교회 생활을 한다. 이들은 성경의 가치를 그리 중요하게 여기지 않거나 스스로 중요하다고 해도 뭐가 중요하다고 하는지 아리송하다. 성경을 덮어놓고 읽기 때문이다.

목회자들은 물론 교인도 '국어 공부'를 제대로 해야 하지 않을까. 글로 된 성경을 제대로 읽는 법이 필요하다. 가장 기초 단계는 성경 용어의 뜻을 정확하게 파악하고, 글의 문맥을 이해해야 한다. 그런데 한글 성경은 상당히 많은 한자어를 사용하고, 한자(漢字)를 한글 옆에 적지 않아서 엉뚱하고 해괴한 해석에 이르기도 한다.

주일 설교 시간에 있던 일이다. 본문은 빌립보서 3장 20절, "그러나 우리의 시민권은 하늘에 있는지라 거기로부터 구원하는 자 곧 주 예수 그리스도를 기다린다."였다. 이 뜻을 설명하기 전에 왜 이 말씀이 '그러나'로 시작하는지를 묻자, 정확한 대답이 들려왔다. "뭔가 앞의 말과 상반된 말을 하려니까 '그러나'를 사용했겠죠."

그래서 앞 절인 19절을 함께 읽었다. "그들의 마침은 멸망이요 그들의 신은 배요, 그 영광은 그들의 부끄러움에 있고 땅의 일을 생각하는 자."였는데 여기에 의문이 있었다. 19절 중 '그들의 신은 배요.'에 대해 강조하면서 "배가 뭡니까?"라고 물었더니 놀랍게 합창하듯, "타는 배입니다!"라는 것이 아닌가. 그렇다면 "신은 뭡니까?"라고 묻자, "신는 신발입니다."라는 대답이 여기저기 들려온다. 점입가경이었다. 아무래도 배가 산으로 올라갈 것 같아서 "여러분, 이 말씀에서 신은 신발이 아니라 하나님(神)입니다."라고 설명했다.

그리고는 다시 대답하길 기대하면서 "'그들의 하나님은 배요'를 어떻게 이해하십니까?"라고 하자, 기막힌 해석이 들린다. "하나님은 우리가 타는 배이고, 하나님이라는 배를 타고 항해하는 것입니다." 헐, 인내심을 갖고 다시 물었다. "분명 19절은 20절과 대비되는 부정적인 내용인데 하나님이라는 배를 타고 항해하는 것을 어떻게 설명하시겠어요?" 그러자 기막힌 영적 해석이 등장한다. "아, 하나님이라는 배를 자기 마음대로 움직여 항해하는 것입니다. 그러니까 나쁜 신앙이죠." 더는 기대할 수 없어서 그만 멈추고, 잠시 숨을 고르게 되었다.

"여기 배는 바다를 항해하는 배(船)가 아니라 우리 몸의 복부, 배(腹)를 가리킵니다!" 이 말에 갸우뚱하더니 한바탕 웃는다. "배를 하나님 삼는 자, 이 땅에서 욕심 채우는 데 최고 목표로 삼는 사람들을 가리킵니다. 뭐니 뭐니 해도 머니가 최고라는 자, 온갖 욕망을 신(하나님)으로 여기는 자들입니다. 19절 후

반부에 '땅의 일만 생각하는' 사람들인 거죠."

그래서 20절은 '그러나'라는 역접(逆接)으로 시작되며 곧이어 '우리의 시민권은 하늘에 있다.'라는 문장이 나온다. 19절은 땅에 속한 사람들, 20절은 하늘에 속한 사람들, 19절은 짐승의 세상에 속한 사람들, 20절은 하나님의 나라에 속한 사람들을 말하고 있다. 얼마나 렘브란트적 대조인가.

나는 한 절 말씀에 대해 긴 설명을 끝낸 후에야 설교를 시작했다. 한국 교회 강단의 현실을 목격한 듯해서 잠시 서글퍼지기도 했다. 교인들이여, 성경 말씀이 뭐라 하는지 살펴 헤아리면서 설교를 듣자. 건강한 교인들이 많아지면 교회는 신앙적으로 건강해질 것이다. 우리에겐 모국어인 한글과 한자어를 이해하는 한 기초 문해력이 있다고 믿는다. 그렇다면 설교 본문을 이해하기에 어려움이 없다. 부디 덮어놓고 성경을 필사하고 덮어놓고 읽지 말자.

성경은 문학적 표현으로 가득하다

- 과장법(hyperbole)의 경우 -

> "무엇이든지 전에 기록된 바는 우리의 교훈을 위하여 기록된 것이니
> 우리로 하여금 인내로 또는 성경의 위로로 소망을 가지게 함이니라."
>
> 롬 15:4

성경은 문헌(文獻)이다. 문헌이란 옛 제도나 문물을 아는 증거이며, 글로 구성된 자료라는 의미이다. 성경이 문헌이라면 다양한 형식의 글(장르, genre)을 포함하고 있다는 뜻이기도 하다. 구약은 이야기 형식(내러티브)으로, 율법, 지혜, 예언, 시와 시편 같은 형식이고, 신약은 복음서, 역사 기록, 편지들, 묵시 형식이다. 더 세부적으로 애곡, 사랑 송가, 애가, 속담, 우화, 비유, 회고, 예언, 묵시, 설교, 훈화, 이야기, 족보, 토지 분배, 풍자, 전쟁 기사, 신화 등이 있다. 왜 다양한 장르가 필요한가? 독자에게 효과적으로 메시지를 전달하기 위함이다.

구약 성경은 히브리 문학의 정수이다. 신자뿐 아니라 목회자와 신학도 가운데 이 문장 "구약 성경은 히브리 문학의 정수입니다!"라고 할 때 꺼림칙하거나 알레르기 반응을 보이는 분들이 있을 수 있다. "성경을 문학이라구?" "거룩한 하나님의 말씀이지!" "성경을 소설 취급?"하고 역정을 내는 분들이 있다. 이상한 눈초리로 쳐다보지 말라. 일차적으로 문학이 글을 사용한

소통 행위이듯이, 구약 성경은 하나님께서 히브리어를 사용하여 하실 이야기를 들려주는 책이 아닌가?

구약은 히브리 문헌이며, 히브리 문학이다. 인간의 글(말)로 쓰인 하나님의 말씀이 성경이다. 백 퍼센트 인간의 글이며, 동시에 백 퍼센트 하나님의 말이다. 예수님을 생각하면, 백 퍼센트 인간이시며 백 퍼센트 하나님이신 분이 성육신하신 예수님이지 않는가?

인간의 글이기에 완전하지 않을 수 있더라도, 하나님은 그 글과 그 글을 쓰는 이에게 숨을 불어넣는다. 자신이 하고픈 말과 뜻이 온전하고 분명하게 전달되도록 하셨다. "성경은 그리스도인의 신앙과 삶에 관한 유일한 규범이다."라는 말이 그 뜻이다. 이것을 전통 신학에서 '성경의 무류성(infallibility)'이라고 한다.

구약은 극히 일부분을 제외하고는 히브리어로 기록되었다. 히브리인이 히브리어로 기록한 문서이다. 쉽게 말해, 구약은 히브리어를 사용하는 고대 유대인이 기록한 글 모음집이다. 히브리인은 그들의 문화 풍습과 문학적 관습에 따라 글을 쓴다. 마치 한국인이 글 쓸 때 몸에 밴 문화와 풍습, 관습이나 정서에 따라 글을 쓰는 것과 같다. 한글을 배운 외국인이 한국 작가의 글을 문자적으로 이해할 수 있지만, 관습이나 정서까지 '온전히' 이해하기가 쉽지 않다.

한국인이라 해도 각기 다른 특유의 감수성을 온전히 이해할 수 없다. 중요한 사실은 한국인 고유의 언어 습관일 경우, 머리보다 몸과 마음으로 파악하여 받아들이게 된다. 예를 들어, 오랜만에 통화하게 된 친구에게 "우리 한 번 밥 먹자!"라고 하는 말은 "우리 만나서 그동안 못다 한 이야기를 나누자."라는 뜻이다. 한국인에게 밥은 사귐과 교제를 가리키기도 한다. 근데 서양 친구에게 "우리 한 번 밥 먹자!"라고 한다면 분명 그 친구는 약속 날짜와 장소를 정하려고 할 것이다.

할머니는 내가 어릴 적에 종종 시집오셔서 겪은 대홍수에 관해 말씀하셨다. "을축년 장마 때 온 세상이 물바다였어!" 온 세상이라! 할머니가 옛이야기를 할 때에는 을축년 장마 이야기를 빼놓은 적이 없었다. 시간이 지나 내가 어른이 되고 나서 을축년 장마가 언제인지 전지(全知)하신 구글 님에게 물어보니, 을축년(乙丑年) 장마는 일제강점기인 1925년 여름, 네 차례에 걸쳐 일어난 대홍수였다. 할머니가 1907년생이시니 대홍수는 막 시집온 열여덟 살에 겪으신 일이었다.

기록에 의하면 누적 강수량 650밀리리터라는 기록적인 폭우여서 한강 수위가 당시 기준으로 역대 최고치를 경신해 한강 제방이 무너지면서 서울 전역이 물바다가 되었을 정도였다. 숭례문 바로 앞까지 물이 차올랐고 서울의 교통과 통신은 온통 마비되었으며 서울 전역 익사자만 4백여 명이 넘었고, 가옥 1

만 2천여 호가 유실되었다. 가히 대홍수의 위력이었다.

할머니께서 반복하신 "온 세상이 물바다였어!"라는 말씀이 귀에 쟁쟁하다. 그 말이 엄정한 과학적 근거가 있는 표현인가? 객관적 사실인가? 아니다! '서울시 전역이 온통 물바다'라고 표현하셨어야 했다. 그런데 "온 세상천지가 물바다였어!"라고 하시지 않았는가? 그러나 누구도 할머니의 말씀이 거짓이라고 반박하지 않는다. 할머니 말씀은 진실이었다!

어떤 사실이나 사건을 그렇게 표현하는 한국인의 언어 습관, 일종의 과장법(hyperbole)이 있다. 그런 일상의 과장은 주변에 널려 있기 때문이다. 친한 친구 사이에 "너 죽을래?"라고 했다고 해서 살인 의도로 고소당하지는 않는다.

과장법에 관한 흥미롭고 어이없는 일화가 있다. 1991년 정월에 이라크의 사담 후세인이 같은 아랍 국가 쿠웨이트를 침공하였다. 그러자 국제 사회는 드세게 반발하였고, 마침내 미국과 영국 주도의 연합군으로 이라크를 제재하는 전쟁이 시작된다. 작전명 '사막의 폭풍(desert storm)'으로 유명한 걸프전이었다.

그때 사담 후세인은 미국인이 쳐들어온다면 혹독한 대가를 치르게 된다면서 자국민을 향해 연설을 했다. "여러분은 미국이 빠질 함정을 보게 될 것입니다. 미국인들이 전쟁에 휘말리면, 우리는 그들이 자신들의 피로 마음껏 수영하도록 만들 것입니다. 신이여 그렇게 되기를 바랍니다."

수영할 정도라면 엄청난 피를 흘리게 하겠다는 이야기이다. 미국 놈들의 피로 목욕을 하겠다고 한 사담 후세인의 말에 대해 미국 언론은 아주 저열하고 야만적인 발언이라고 맹공하였다. 한편 사막의 폭풍 작전에서 미국은 막강한 전차 군단과 정교한 무기 체제를 사용하여 이라크군을 압도하였다. 당시 미국에선 미국의 전투기와 폭격기의 조종사들이 마치 닌텐도 게임하듯이 지상의 이라크 전차들을 정확하게 폭파하는 장면을 텔레비전으로 중계하였다.

이때 미시간대학의 중동 문학 교수의 글 한 편이 저명한 잡지에 기고되면서 큰 파장을 일으켰다. 내용을 축약하면, 미국인이 이라크 사담 후세인의 발언을 두고 야만스럽고 미개하기 그지없다고 야단법석을 떠는 것이 얼마나 문화에 대해 무지한지를 일갈한 내용이었다. "피로 목욕하겠다.", "피의 강에서 헤엄치도록 만들겠다."라는 말은 수천 년 이상 내려온 중동의 문학적 관습(literary convention)에서 비롯된 과장법일 뿐, 야만적이라고 하는 미국 언론이 얼마나 자국 중심인지 무지의 극치를 보여 주었던 것이다.

최첨단 살상 무기로 수많은 사람을 죽이는 전쟁을 마치 닌텐도 게임하듯이 중계하는 것이 더 야만스럽다. 미국인은 살육하는 전쟁을 이렇게 표현하기도 했다. "적군이 우리를 공격하면 우리는 발로 그들의 궁둥이를 차 버릴 것이다!" 중동의 문학적 관습은 전쟁에서 적군을 물리치겠다는 표현을 과장법을 사용하고, 서양인들은 운동 경기나 전자오락 게임하듯이 전쟁을 묘사한다. 결국 전쟁은 사람을 죽이는 무시무시한 행위였다. 연합군은 292명이 죽었고, 이라크군은 25,000~50,000명이 죽었다.

이 내용을 말하는 목적은 중동(근동)의 문학적 유산은 풍부하고 장대하며, 히브리 문학은 고대 중동 문학의 한 줄기라는 사실이다. 히브리인의 '문학적 강(literary river)'에서 상당한 시간을 보낸다면 그 문학적 관습과 전통을 가볍게 여기지 않게 된다. 구약학자와 고대 근동학자의 연구를 가볍게 여기지 않아야 할 이유이다. 문화적 차이, 언어 습관의 강, 시대와 풍습의 간격을 넘어서도록 돕는 사람들이며, 중동인의 눈으로, 중동의 문화 맥락에서 성경을 읽어야 할 이유이다. 따라서 구약 성경의 경우, 상당 부분이 이러한 문학적 관습에서 유래한 표현이라는 사실을 염두에 두고 구약을 읽어야 한다.

앞서 언급했듯이, 히브리인이 사물이나 사건을 묘사할 때 '그대로' 묘사하는 일은 거의 없다. 독자나 청중에게 강렬한 인상을 남기기 위해 과감하게 과장을 하는 경우가 허다하다. 속된 말로 뻥친다. 왜? 그 사건이나 사물 묘사를 통해 화자가 말하고자 하는 메시지가 독자/청중에게 선명하고 확실하게 박히도록 하기 위함이다.

뻥튀기를 아는가? 어릴 적 뻥튀기 아저씨에게 쌀이나 옥수수를 가져가면 수레 위의 둥근 통에 집어넣고 불로 달군 다음에 귀를 막으라고 한다. 조금 후에 뻥! 소리가 나는데 마치 대포 소리 같았다. 시선 집중이다. 신기했다. 옥수수가 강냉이가 되었고, 쌀알이 부풀어 튀긴 쌀이 되었다 기막히고 맛난 뻥튀기였다. 글도 마찬가지이다. 소설가의 어떤 문장은 뻥튀기 기계에 갖가지 단어들을 넣은 것처럼 뻥! 소리와 함께 명문장이 되어 나오기도 한다.

과장법도 이와 같다. 예를 들어, 요나서에서 그런 문학적 과장법을 두 경우만 찾아보자. 첫째, 한 사람이 사흘 동안 그 안에서 기도할 만큼 무지막지하게 큰 물고기 이야기가 있다. 도대체 어떤 물고기가 그렇게 크단 말인가? 교회학교에선 종종 '큰 고래'라고 들려준다. 상어는 사람을 잡아먹기 때문에, 고래라고 했을 것이다. 근데 고래 배 속에서 삼 일 밤낮 생존할 수 있는가? 지구 역사상 단 한 번 하나님이 보낸 '거대한 물고기'의 출현이 있었다면 모르지만 말이다. 근데 성경 기자가 이를 알려 주기 위해 썼을까?

둘째, 요나가 보냄을 받았지만 가지 않으려고 이리 빼고 저리 빼다가 마침내 가게 된 니느웨는 어떠한가? 니느웨는 고대 아시리아 제국의 중요한 도성이었다. 그 도성의 크기가 얼마인가? 성 전체를 한 바퀴 도는 데 사흘이 걸린다고 한다. 어른 걸음으로 꼬박 사흘이 걸릴 만큼 대단히 넓은 도성이라는 뜻이다.

이 역시 문학적 과장이 틀림없다. 수많은 사람이 그 도성에서 살고 있는데 그들이 다 죽게 되었으니 그들을 위해 요나가 가야 하지 않겠느냐는 말을 강조하는 수사학적 표현이다. 하나님의 자비와 은혜와 신실하심과 진실하심이 하해와 같이 넓어, 상상을 넘어선다는 뜻을 멋들어지게 표현하였다. 이러한 예는 구약 성경에 무수히 많다.

오늘의 결론

1. 성경은 100퍼센트 인간의 글이며 100퍼센트 하나님의 말씀이다.
2. 성경은 문헌이기에 다양한 문학적 장르들이 사용된다.
3. 성경에는 문학적 표현들도 가득하다.
4. 문학적 표현들 가운데는 수사학적 표현으로서 과장법도 많다.
5. 문학적 기법을 사용하는 목적이 무엇인지를 기억하면서 읽어야 한다.

창조 기사와 새 창조 기사가 포용할 때

"태초에 하나님이 천지를 창조하셨다."
"그렇다. 내가 곧 가겠다. 아멘. 오십시오, 주 예수님!"

창 1:1 & 계 22:20

이른바 창조 기사(creation account)로 알려진 창세기 1장 1절에서 2장 3절을 어떻게 이해할까? 창조 기사는 2장 4절 이후를 위한 서문(prologue)으로 이해하는 것이 좋다. 이런 이해에 따라 나머지 성경 전체에 대한 이해 역시 달라질 것이다.

창조 기사(창 1:1~2:3)는 고대 근동에 널리 퍼져 있는 신관이나 우주 형성 신화를 배경으로 쓰인 이스라엘의 독특한 신학적 서술이다. 부연하자면 마치 하늘의 왕실 회의에서 결정된 일을 왕실 회의의 서기가 선언문 형태로 기록한 문서라고 생각해 보자. 물론 우주와 인간 기원에 관해 선포하는 신학적 기록을 담고 있다.

방금 창조 기사를 창세기 2장 4절 이후를 위한 서문으로 이해하는 것이 좋다고 했다. 그럼 그렇게 이해하면 성경 전체에 대한 이해가 어떻게 달라질까? 성경 전체를 바라보는 시각이 잡힐 것이다. 창조 세계를 가장 잘 설명하는 보편적 비유는 '하나님 나라'와 '우주적 성전'이다.

첫째, 창조 기사는 창조 세계를 '하나님의 왕국'으로 그려 낸다. 세상은 천상의 왕의 칙령에 따라 하나의 질서 아래 통일된 세계로 나타난다. '좋음'으로 가득한 세상, 곧 '선한 창조(good creation)'라고 부르는 세상이다. 이 세상 안에 창조된 인간은 하나님의 대리자로서 왕 같은 존재로 이 세상을 다스리는 임무가 주어진다. 왕국을 관리하고 질서 있게 유지하며 모든 것들이 평화롭게 지낼 수 있도록 조정하는 하나님 나라의 왕립 청지기(royal servant)이다. 정원 은유로 말하자면, 인간은 왕궁 정원인 에덴('기쁨'이라는 뜻)이 아름답고 질서 정연한 상태로 유지되도록 관리하는 왕궁의 정원사이기도 하다.

둘째, 창조 기사는 창조 세계를 '우주적 성전(cosmic temple)'으로 그려 낸다. 창조 세계는 하나님이 거하시는 거룩한 곳, 성전이다. 그 안에 창조된 모든 것들은 각각 제자리에서 하나님을 찬양하고 예배한다. 그 찬양과 예배를 인도하는 임무가 첫 인류에게 주어졌고, 첫 인류인 아담과 하와는 제사장직 임무를 수행하게 된다. 피조물 전체를 질서 있게 지휘하여 한 치의 오차도 없이 정교하면서도 아름답게, 다중적 소리를 내면서도 일체감을 지닌 예배가 되도록 준비하고 인도하고 진행하는 역할이 첫 인류에게 주어진 제사장의 임무이다.

종합하자면 첫 인류인 아담과 하와는 창조 세계 안에서 제사장 부부였다. 마치 오케스트라의 지휘자처럼 두 사람은 창조 세계 안의 만물들이 각자의 위치에서 그들을 지으신 창조주 하나님을 찬양하고 노래하며 예배하는 장엄한 예전을 인도하는 거룩한 집례자가 된 것이다. 창조 세계 전체가 하나님이 거하시는 신전이기 때문이다.

이처럼 창조 기사를 '하나님의 왕국'과 '우주적 성전'이란 렌즈로 보면 인간이 누구인지, 무엇을 위해 지음을 받았는지, 그들이 어떤 직함을 받았는지를 알게 된다. 한 마디로 왕 같은 (royal) 존재, 제사장 같은(priestly) 존재이다. 이 두 사명을 합하면 '왕 같은 제사장(royal priest)'이요 '제사장 같은 왕(priestly king)' 이 된다. 어디서 많이 들어 본 용어 같지 않은가?

어쨌든 창조 기사가 우리에게 가르치는 '인간론'의 핵심이 이것이다. 왕은 다스리는 사람, 제사장은 대중을 대표하여 하나님께 예배를 집전하는 사람이다. 좀 더 확장하자면, 하나님이 최초의 인류에게 주신 사명을 이 두 가지로 집약할 수 있다는 뜻이다. 인간에겐 하나님의 창조 세계를 관리하고 다스려 질서 있는 세상으로 만들어 가는 왕의 사명이 있다.

인간에겐 창조주 하나님의 신하들로서 지은 피조물들을 인도하여 창조주이신 하나님을 예배하도록 주관하는 제사장의 사명이 있다. 첫 인류인 아담과 하와는 제사장적 인류이며, 왕 같은 인류라는 말이다. 이런 타이틀은 후에 성경 역사가 전개되면서 하나님께서 이 세상을 질서 있고 아름답게 만들기 위해 이스라엘을 선택하였을 때 주어진다. 이스라엘은 전 세계의 질서를 위해 왕 같은 존재로, 그들을 하나님께로 인도하여 복을 받게 하는 제사장의 나라로 임명된다. 왕 같은 제사장, 제사장 같은 왕이다(예, 출 19:6).

이런 임무는 성경의 역사가 전개되어 가면서 예수께 주어진다. 만왕의 왕으로, 영원한 대제사장으로 오신 분이시다. 후에 열두 사도와 교회에 주어진다(참조, 벧전 2:9). 그리고 세계 역사와 인류 역사의 마지막을 그리고 있는 요한계시록에서 이 두 사명은 만나게 된다. 천상에서 장엄한 합창으로 부르는 '새 노래(new song)' 안에 수렴된다. 하늘의 장엄한 예배에서 새로운 창조 세계 대표들의 모임인 네 생물과 이십사 장로들이 '죽임당하신 어린양'을 찬양하는 노래를 들어 보자.

"두루마리를 가지시고 그 인봉(印封)을 떼기에 합당하시도다. 일찍이 죽임을 당하사 각 족속과 방언과 백성과 나라 가운데에서 사람들을 피로 사서 하나님께 드리시고 그들로 우리 하나님 앞에서 나라와 제사장들을 삼으셨으니 그들이 땅에서 왕 노릇 하리로다." (계 5:9~10)

창조 기사와 새 창조 기사는 수미쌍관 봉함엽서(envelope)처럼 기능한다. 첫 창조 세계의 첫 인류에게 주어졌던 사명과 타이틀('왕 같은 제사장', '제사장 같은 왕')이 마침내 마지막 창조, 새 창조 세계 안에서 완성된다. 그리고 그 완성을 가능케 하신 분이 죽임당하신 어린양 예수님이시다. 그분이야말로 진정으로 왕 같은 제사장이요, 제사장 같은 왕이셨다. 그분은 능력과 부귀와 지혜와 힘과 존귀와 영광과 찬송을 받으시기에 합당하신 분이시다. 세세토록 그에게 나라와 권세와 영광이 있을지어다! 아멘, 아멘.

남자와 여자 중 누가 더 강할까?

"남자가 혼자 있는 것이 좋지 않으니, 그를 돕는 사람,
곧 그에게 알맞은 짝을 만들어 주겠다."

창 2:18

흔히 "나이가 들면 여자는 남자 없이 잘 지내지만 남자는 여자 없이 못 살아요."라고 한다. 연식이 오래될수록 진리인 듯하다. 가부장적 사회에서 보편적 진리로 받아들여진다는 것이 조금 충격적이긴 하다. 이 말이 정반대의 현상을 동시에 품고 있기 때문이다.

어쨌든 남성이 여성보다 여러 면에서 우월하다는 사상이 가부장적 사회의 지배 이념이었다. 한 걸음 더 나가 남존여비(男尊女卑) 사상 역시 가부장적 사회가 만들어 낸 일그러진 사상이기도 하다. 요즘 농담으로 '남존여비'를 "남자가 존재(存在)하는 이유는 여자의 비위(脾胃)를 맞추기 위해서다!"란다.

여자(아내)가 남자(남편)보다 강하다는 것을 성경적으로 증명(?)해 보려고 한다. 성경 시대에 단어는 여자는 아내, 남자는 남편이기도 하다. 이 사실을 염두에 두기를 바란다.

"남자가 혼자 있는 것이 좋지 못하다"(창 2:18)라고 말씀하신 것은 남자가 혼자 있는 것이 나쁘다는 말이다. 여기서 '좋지 못

하다' '나쁘다'라는 것은 문맥상 무엇인가? 결핍(부족)하다는 뜻
이다. 결핍을 채워야 남자(남편)는 온전해진다는 뜻이다. 창조
주 하나님은 남자(남편)의 결핍을 채워 주기 위해 여자를 '돕는
자'로 만드셨는데, 돕는다는 '강하다'는 해석이 가능하다. 강하
고 넉넉지 않고서는 도울 수가 없기 때문이다. 예를 들면, 군사
력이 약한 나라가 강한 나라와 전쟁을 할 때 도움이 절실하게
필요하다. 힘이 있는 우방국들이 물자와 인적자원을 보냄으로
써 '도움'을 줄 수 있다.

여자를 남자를 돕는 자로 만드셨다는 것은 여자가 남자보다
강하고 더 많은 것을 가지고 있다는 의미이기도 하고, 필요를
채워 줄 만큼 풍요하고 넉넉하다는 것이다. 이를 좀 더 증명하
기 위해 성경의 가르침에 귀를 기울여 보기 바란다.

하나님은 우리를 돕는 분이라는 고백이 있다(시 46:5; 54:4; 삼
상 7:12 '에벤에셀'). 인간은 존재 자체가 부족하고 연약하고 결핍
되어 있기에 누군가의 도움이 절대적으로 필요하다. 그래서 성
경에 하나님은 우리를 도와주시고 채워 주시고 보호해 주시는
분이라고 묘사하고 있다. 그분 없이는 온전할 수 없다. 하나님
은 사람보다 강하시고 자원이 넉넉하시다.

이제 논점은 분명해졌다. 거칠게 말해 하나님과 여자는 동
급이다! 하나님은 돕는 분(에쩨르)이시고, 여자도 돕는 자(에쩨
르)이다. 하나님은 우리를 돕고, 여자는 남자를 돕는다. 둘 다

강하고 너그럽고 넉넉한 자원이 있기에 돕는 자이므로 우리가 하나님을 가볍게 여기거나 우습게 여겨서는 안 되는 것처럼, 남자(남편)도 여자(아내)를 가볍게 여기거나 우습게 여겨서는 안 된다.

가부장적 세상에서 살아오면서 무의식적으로 남존여비 사고방식이 몸에 밴 남자(남편)들, 남자 목사들은 정신 차려야 한다. 위에서 말한 사실은, 목회자들이 흔히 강조하는 몇몇 율법 조항(성수 주일, 십일조 생활 등)보다 훨씬 더 중요한 성경의 기본적 진리이다. 따라서 성경을 제대로만 알면 성차별을 하거나 여자 알기를 우습게 여기는 일이 얼마나 반신학적이며 반성경적이며 신성모독적이라는 사실 정도는 알고 조심하게 된다. 베푸는 차원에서 남자가 여자를 잘 대우해 주는 것은 교만이다. 마치 하나님을 섬기고 받드는 것이 자기만족에서 나온 거만한 행동과 같기 때문이다.

남자와 여자는 동등한 인격성을 지닌 하나님의 피조물이고, 일그러진 창조 세계를 회복하시려는 하나님의 '구원 사역'에 투입된 특전대 동료이다. 오랫동안 방치되었던 기울어진 운동장을 고쳐야 할 때가 되지 않았는가?

클린 조크 적용 1

재료학적으로 여자는 뼈고 남자는 흙이기에 아무래도 뼈가 강할 수밖에 없다.

클린 조크 적용 2

하나님 ≫ 여자(아내) ≫ 남자(남편)

여호와의 종이란?

"내가 붙드는 나의 종, 내 마음에 기뻐하는 자 곧 내가 택한 사람을 보라.
내가 나의 영을 그에게 주었으니 그가 뭇 민족에게 정의를 베풀리라."

사 42:1~4

성경을 읽고 해석하고, 말씀의 참뜻을 파악하여 목사는 "이것이 우리를 향한 하나님의 뜻입니다."라고 겸손하게 그러나 확신 있게 전한다. 일차적으로 '그 책(The Book)'의 사람인 목사가 그 책을 가까이하는 데 게으르다면 직무 유기에 해당하고, 그 책을 통해 인생관 세계관이 근본적으로 바뀌지 않았다면, 그저 그 책을 사용하는 종교 권력 야심가이거나 천박한 종교 행상인일 가능성이 크다.

성경을 백 번 필사하고 천 번 읽었다고 해도 그다지 중요하지 않다. 성경을 많이 읽었다는 것이 기록되는 사례는 여전하고, 자칫 성경을 많이 아는 종교 사기꾼이 될 수 있다는 것도 모르는 바 아니다. 성경을 가까이하는 것을 문자 그대로 암송하는 일이든, 바리새인처럼 일점일획에서 벗어나지 말라는 해석과 적용에 빠지든, 그 점을 이야기하는 것도 아니다.

성경을 가까이한다는 것은 성경의 저자 하나님을 가까이한다는 것을 의미해야 한다. 그분의 심중이 무엇인지, 무슨 계획을 세우시는지, 펼쳐 나갈 역사는 무엇인지, 그분이 다스리는 나라는 어떤 나라인지를 배워 가야 한다.

종종 목사를 가리켜 '하나님의 종'이라 부르고, 목사 자신도 '하나님의 종'이라고 고백한다. 종(servant)은 노예나 하인과 다름없이 겸손하겠다는 표현일 것이다. 낮고 천한 신분을 자처하는 하나님의 종이라면 어떻게 행동하고 어떻게 말해야 하는가? 그럴 리 없겠지만, 평신도가 목사에게 '종놈' '종놈의 자식'이라고 했다면 불편함을 감추지 못해 얼굴을 붉히고 펄쩍 뛰었을 것이다. 스스로 자신을 가리켜 '종'이라 하더니 정작 '종'이라 부르면 불쾌하다면 아이러니가 아닐 수 없다.

신약에서 바울은 종종 자신을 그리스도의 종이라고 불렀다 (롬 1:1; 빌 1:1). 그가 사용한 헬라어는 분명 노예 신분의 종(둘로스, δούλος, slave)이었다. 그리스도가 시키는 대로 하겠다는 표현이고, 그리스도의 복음을 전하는 자들을 그리스도의 종이라고 불렀다. 복음 전도자에겐 마땅한 호칭인 것이다.

한편 구약에서 하나님의 종은 그 뜻이 다르다. 하나님의 심복이라는 말이다. 심복이 무엇인가? 가슴과 배라는 뜻의 심복 (心腹)은 종종 조직폭력배들이 사용하는 부정적 이미지의 단어이다. 그러나 조직폭력배의 보스에게 누가 심복부하(心腹部下)인가? 보스의 마음과 생각(가슴과 배)을 그대로 자기 것으로 삼은 자, 바로 보스의 측근이고, 가장 가까운 사람을 가리킨다. 보스의 눈동자만 봐도 무엇을 원하는지를 알뿐더러 보스를 위해 죽을 각오가 된 자이다.

그렇다면 하나님의 종이 하나님의 심복이라면 어떤 뜻인가? 구약에서 참 예언자를 하나님의 종이라고 하는데(참조, 암 3:7), 천상의 어전 회의에 참석하여 하나님의 계획과 의중을 보고 듣는 기회를 얻는 자이기 때문이다. 그래서 참 예언자이고 (예, 렘 23:18, '여호와의 회의'), 참 예언자의 자격은 하나님의 내밀한 어전(御殿)에 들어가 그분의 뜻과 계획을 듣고 그대로 남김없이 지상의 사람들에게 알리고 전해야 한다(신 18:18). 자기 말을 하라는 것이 아니다. 자기 계획과 비전을 하나님의 이름에 걸고 말하는 자들이 결코 아니다(렘 23:16, "그들이 말하는 비전은 자기 마음에서 나온 것이니라.").

다시 돌아가면, 하나님의 종은 하나님을 누구보다 더 가까이서 모시는 사람이다. 하나님의 음성, 하나님의 언어, 하나님의 억양을 정확하게 읽고 파악하게 된다. 하나님의 음성과 언어와 말씀이 어디에 있는가? 성경을 하나님의 말씀이라고 믿는다면 성경에 귀를 기울이고 하나님의 음성과 그 억양의 뜻을 정확하게 읽어 내야 한다. 이처럼 '그 책'의 사람인 목사는 '성경의 사람'이다. 그렇다면 어찌 성경을 연구하지 않겠는가? 어찌 그 세미한 음성과 미묘한 억양의 변화를 감지하지 못하겠는가?

그러한 목사라면 하나님의 종이라는 영광스러운 칭호를 수여 받을 수밖에 없다.

신약에서 그리스도의 종(노예)과 구약에서 하나님의 종(심복)은 공통점이 있다. 종이 그렇듯이, 노예가 그렇듯이, 하인이 그렇듯이, 심복이 그렇듯이, 그들은 목숨을 바쳐 주인에게 충성한다. 자신의 왕(King)과 주인(Lord)이신 예수 그리스도를 믿음으로 충성(loyalty)하는 것이 '종 된 자'로서 진정한 표현일 것이다.

요즘 나이 든 목사들 가운데 성경 연구에서 손을 놓은 지 오래된 경우가 꽤 많다. 성경 연구와 묵상보다 이념 논쟁에 휩싸이거나 갖가지 유튜브에 몰입하기도 한다. 카톡 퍼 나르기에도 열심이어서 언제부터 '카톡교' 전도사인 것만 같다. 간혹 젊은 목사들도 유사 사례에서 벗어나지 않아 안타깝기도 하다. 팬데믹이 엔데믹이 되었다는 지금, 성경을 깊이 연구하고 기도하는 시간이 많이 주어지기도 했다. 어떤 이들은 재정의 어려움에 봉착하기도 했으나, 그것이 목사 본질을 가리는 가림막이 될 수 없다.

하나님께 가까이하고, 말씀에 귀 기울이고, 시대정신을 분별하고, 무릎 꿇어 간절히 기도하고, 어려운 이웃과 교인들을 긍휼의 심정으로 보살피고, 당면한 어려움을 하나님 신뢰하며 의연하게 대처해 나가는 것이 마땅히 해야 할 기본기가 아닌가? 이럴 때 비로소 하나님의 종이라는 영광스러운 호칭이 걸맞는 삶이다.

"하나님께 가까이하는 것이 참 좋은 것입니다."(시 73:28)
"하나님께 가까이함이 참 행복입니다."(시 73:28)

예측할 수 없는 그분을 따라

"채는 고리에 꿰어 놓은 채 빼내지 말고 그대로 두어라."
출 25:15

구약 교회도 신약 교회처럼 광야에서 출생하였고 그곳에서 유년 시절을 보냈다. 광야와 거친 들판은 구약 교회가 출생한 요람(搖籃)이었고, 황야와 벌판은 구약 교회가 자라난 가정이며 고향이다. 여기에서 하나님의 백성은 그들의 무력함을 뼈저리게 절감하였다. 그곳에서 그들은 하나님의 자비에 전적으로 의존할 수밖에 다른 길이 없음을 몸서리치도록, 온몸 저리도록 배웠다. 광야에서 그들이 할 수 있는 일이라곤 아무것도 없었으며, 하나님이 하시는 일만이 그들의 전부였다.

구약 교회는 죽음의 장소인 광야로 둘러싸여 있었다. 달리 말해 하나님이 만드신 교회는 오아시스(oasis) 교회였다. 교회는 사막과 광야 한가운데 자리 잡은 오아시스와 같다는 말이다. 오아시스 교회 바깥에는 비우호적이고 적대적인 광야가 있었다. 하나님은 이렇게도 비우호적이고 적대적인 광야 한가운데 그의 백성들로 성소(聖所, sanctuary), 곧 성막(聖幕, tabernacle)을 세우라고 하신 것이다.

광야의 성막은 이동식(移動式, portable)이었다. 마찬가지로 성막 안에 가장 중요한 언약궤 역시 이동식이어야 했다. 하나님께서 모세에게 말씀하셨다. "그러므로 너희가 언약궤를 만들 때, 궤의 네 모퉁이 밑에 고리를 달고 그 고리에 아카시아나무로 만든 채(장대)를 언약궤의 양쪽 고리에 끼워서 궤를 멜 수 있게 하라. 그 채들은 궤의 고리에 그대로 두고, 거기서 빼내지 말아야 한다… 그리고 성막과 그 안에 있는 가구들과 물품들은 내가 네게 보여 준 모양 그대로 만들되 이동식이 되어야 한다. 왜냐하면, 나는 유랑하는 하나님, 이동하는 하나님, 운행하는 하나님(sojourning God)이기 때문이다."

그분이 말씀하셨다. "언약궤는 나의 강단이다. 그 덮개 위 두 스랍들 사이에서 내가 너를 만날 것이며 그곳에서 내 모든 계명을 너에게 줄 것이다." "언약궤를 운반하는 채(장대)들은 절대 빼내지 말라. 사전에 알리지 않고 나는 언제 나의 여정(旅程)을 계속할지 모르기 때문이다."

성경은 이 '채'들에 대해 중요한 의미를 부여하고 있다. 수세기 후에 언약궤가 솔로몬 성전에 영구적으로 자리를 잡게 되었을 때도 이 장대들은 결코 언약궤에서 빼내지 않았다. 열왕기상 8장 8절에서 이 사실에 관한 기사를 읽게 된다. "궤에서 삐죽 나온 두 개의 채는 길어서 그 끝이 지성소의 정면에 있는 성소에서도 보였다… 그 채들은 오늘날까지 그곳에 그대로 놓여 있다."

이 채들은, 이스라엘의 하나님은 유랑하는 하나님이심을 영원히 기억나게 해 주는 상징물이었다. 유랑하는 하나님을 경배하는 자들 역시 유랑자들이어야 한다는 것을 상기시켜 주는 상징물이었고, 자기들의 땅에 살면서 그 땅의 정부와 법들에 순종하면서도 지나가는 이방인들·외국인들처럼 사는 백성들이어야 한다는 것을 기억나게 해 주었다.

언제라도 그들은 떠나야 한다는 신호를 받을 줄 아는(받을 수 있는) 사람들이었다. 그들은, 그들이 그런 신호를 받으면 쳤던 장막을 거두고 그들을 부르시는 하나님의 목소리를 따르는 사람들이었다. 하나님은 항상 움직이는 하나님, 길 위에 계신 하나님, 정확하게 꼭 집어낼 수 없는 하나님, 결코 사람이 다 알 수 없는 하나님, 우리의 생각과 예측을 넘어서신 하나님이었다. 이러한 하나님 때문에 예레미야는 울부짖었다.

이스라엘의 소망이시며,

　　곤란할 때의 구원자시여.

어찌하여 당신은 이 땅에서 이방인(stranger) 같으시며,

　　하룻밤을 유숙하는 나그네(traveler) 같으십니까? (렘 14:8)

그러므로 광야 시절의 하나님의 백성들이 종종 투덜대며 불평했다는 사실은 결코 놀랄 일이 아니다. 그들이 원했던 하나님은 볼 수도 있고, 만질 수도 있고, 쉽게 이해할 수 있는, 곧 이해가 가는 하나님이었기 때문이다. 그들은 그러한 하나님에 의해 인도되기를 원했기 때문이다.

유랑하는 하나님을 따르는 자들이 가야 할 길은 절대 쉽지 않다. 언제라도 떠날 준비가 되어 있는 하나님을 따라가는 일은 결코 가벼운 일이 아니다. 그러나 항상 그런 길이 하나님의 백성들이 따라가야 할 길일 것이다. 내가 그 길이라고 말씀하셨던 그분의 길 말이다.

마라에서 엘림까지

"그들이 엘림에 이르니 거기에 물 샘 열둘과 종려나무 일흔 그루가 있더라."
출 15:22~27

애굽의 혹독한 억압의 굴레에서 탈출하는 것은 어마어마한 사건이었다. 하지만 탈출로 모든 것이 해결될 수 있었다면 얼마나 좋았겠는가? 홍해를 기적적으로 건넌 후 약속의 땅으로 직행했더라면 얼마나 더 좋았겠는가? 그곳으로 가는 여정에 사막으로 들어가는 일정이 잡혀 있다니 이게 웬 말인가?

광야에서의 생존

막막한 광야에서 자율적 공동체로서 독자적으로 생존해야 하는 일은 애굽에서의 탈출 이상으로 거대한 장벽이 되었다. 비록 굴욕적이더라도 바로 밑에서 살면서 세끼 끼니를 때울 수 있었으나 지금 상황은 전혀 달랐다.

자율성을 가진 자유민이 되었고, 자기의 미래를 스스로 책임져야 하는 공동체를 이루긴 했지만, 아득한 광야에서 먹고 사는 생존의 문제가 코앞에 닥쳤다. 아무리 설교자가 자유니, 책임이니, 공동체니, 구원이니, 가치니 하는 설교를 해도, 그런

추상적 개념은 피부에 와닿지 않는다.

　오로지 생존! 살아남는 일이 시급한 현안이었다. 도대체 멀고도 고단한 광야 여정에서 음식과 물을 어떻게 확보할 수 있단 말인가? 출애굽한 이스라엘에 광야에서의 생존은 죽고 사는 절박한 문제였다. 살기 위해선 먹어야 하는 것 아닌가? 살아야 뭔가 가치 있는 일을 생각할 수 있는 것이 아닌가? 생존의 문제는 세속적인 문제가 아니다. 신앙적이고 영적인 문제이다. 이제 생존 문제에 직면하게 된 하나님 백성의 이야기를 들어 보자. 우리 이야기로 들어 보자.

　홍해 도하를 마친 이스라엘 백성은 지도자 모세의 인도로 수르 사막(Desert of Shur)으로 들어간다. 애굽에서 약속의 땅으로 직행하는 열차가 아니라, 중간 어디쯤 사방을 둘러보아도 아무것도 없는 황량한 광야 한복판에 멈춘 완행열차에 올라탄 격이다. 수르 광야의 위치는 정확히 알려진 바가 없다(민 33:8에 언급된 에담 광야 지역과 같다는 의견도 분분하다).

　히브리어로 '수르'는 벽, 장벽을 뜻하는데, 아마 시내 반도를 유랑하던 아시아계 약탈자 무리가 애굽 국경 쪽으로 들어오는 것을 막기 위해 애굽의 바로(왕)들이 건축한 성벽을 가리키는 듯하다. 거기부터 애굽의 영토 바깥 아득한 광야가 시작된다. 이런 의미에서 수르 광야에 들어온 이스라엘 백성 역시 넘기 어려운 장벽에 봉착하지 않았을까. 그들에게 광야는 높은 장벽과 같았다.

수르 광야에 인접한 지역 이름인 마라 역시 정확한 위치를 가늠할 수 없다. 다른 것은 몰라도 전개되는 일화에서 마라의 뜻(쓰디씀, 룻 1:20)을 부각하려는 저자의 의도는 절대 놓치지 않아야 한다. 애굽에서의 고역이 얼마나 쓰디썼던가(1:14). 유월절 예식에 먹어야 했던 쓰디쓴 나물(허브)을 기억나게 한다(12:8). 이제 그들이 여기서도 쓴 물을 마시게 되다니. 이게 뭔 일인가.

수르 광야에 들어가 사흘 동안 걸었지만 물을 얻지 못하였다. 문자적으로 해석하자면, 하루에 대략 24킬로미터 이동한다고 계산하면 사흘이면 72킬로미터 거리로 추정할 수 있다. 하지만 성경(고대 근동의 문헌에서도)에선 '사흘'은 긴 여정의 기준 시간을 표현하는 문학적 장치로 사용하는 경우가 있기에(예, 3:18; 창 22:4; 욘 1:17), 사흘 길은 목이 말라 죽을 정도로 힘들다고 불평하기에 '충분한 시간'을 가리킨다고 본다.

마라의 위기

그렇다면 출애굽한 이스라엘이 직면한 '마라의 위기'는 무엇인가? 백성의 불평과 원망일 수도 있다. 사흘 동안 물을 마시지 못했다면 무엇을 마실까 하는 백성들의 불평과 원망은 자연스러울 것이다. 물론 세차게 그들을 몰아세우면서, "당신들은 얼마 전 홍해를 기적적으로 건넌 사실을 잊고 있는 거야? 하나님께서 전무후무한 기적을 일으켜 주셨는데, 금방 까먹고 불평해? 믿음이 없는 인간들 같으니라고!"라고 말할 수 있겠다.

이런 유형의 설교를 종종 들어 보지 않았는가? 그런데 알다시피 사막에서 물은 생존을 위한 절대 필수이어서 사흘 동안 땡볕 내리쬐는 광야에서 물 한 모금 못 마셨다면 당연히 불평할 수밖에 없다. 그런데 성경 저자는 백성들의 정당한 질문과 호소 앞에 '백성이 모세에게 원망하여 말하기를'이란 문구를 붙인다.

출애굽기의 내레이터는 '원망과 불평'이란 모티브를 마라 에피소드 안으로 들여온 것이다(참조, 첫 번째 불평 에피소드는 14:12). '원망과 불평' 모티브는 앞으로 광야 여정 내러티브 안에 반복해서 등장하기도 해서 꼭 기억할 사실이 있다. 모든 원망과 불평이 같은 결을 지닌 것은 아니다. 어떤 불평은 자연스럽고 정당하다.

시편의 수많은 탄식시들은 사실 하나님을 향한 원망 섞인 호소이지 않는가! 하나님께 불평하지 않으면 어디에 대고 하란 말인가! 그러나 어떤 불평은 그렇지 않다. 악성 불평, 만성적 불만, 상투적 원망이라고 할 것이다. 어쨌든 하나님께서 어떻게 반응하시는지에 따라 불평의 진의가 드러난다.

애굽에서 모세는 바로와 대결하는데, 그때 모세와 아론은 지팡이를 사용하여 나일강물을 피로 변하게 한 적이 있었다. 이번엔 하나님께서 모세에게 통나무 하나를 가리켜 집어 들라고 하시더니 쓴 물에 던지게 하셨고, 나무토막 하나 던졌을 뿐인데, 쓰디쓴 물이었으나 마셔도 되는 물로 바뀌는 경이로운 일이 일어났다.

이것이 전부가 아니다. 그 사건 후에 하나님은 백성에게 법도와 율례(a statute and an ordinance), 계명과 규례(commandments & decrees)를 주셨다. 이것은 매우 흥미롭고 중요한 신학적 의미를 담고 있다. 목마른 자들에게 물을 주었으면 됐지, 웬 뜬금없는 법도와 규례와 계명과 규례를 주셨는지? 그 내용이 무엇인지는 분명하지 않지만, 하나님께서 마라에서 물과 함께 당신의 법도/칙령을 제시하셨다는 것이다.

두 가지 생존

이 짧은 에피소드에서, 이스라엘 백성에게 생존의 문제는 가장 중요한 이슈였음을 알 수 있다. 다만 어떤 생존을 말하는가? 일차적으로 광야에서 목숨을 부지하는 생존 문제가 있고, 동시에 하나님의 백성으로서 광야에서 생존하는 문제가 있다. 이 둘은 서로 뗄 수 없는 한 조각일 것이다.

하나님의 백성으로서 어떻게 광야에서 살아야 하는지의 해답은 하나님의 법도와 율례, 계명과 규례를 지키고 따르는 것이다. 마치 목마른 육체의 갈증과 허기를 물로 채워야 하듯 말이다. 두 가지의 생존은 함께 가야 한다는 것이고, 물과 계명, 떡과 말씀은 인간 생존(survival)의 필수품임을 기억해야 한다.

이 두 가지는 오로지 하나님으로부터 온다! 인간의 생존은 절대적으로 하나님께 달려 있다는 가르침이다. 계명과 율례, 법도와 규례는 당연히 순종을 요구한다. 공동체는 율례와 법도에 따라 질서가 세워지고 유지된다. 하나님의 백성이 하나님의 말씀에 순종함으로써 그 사회에 질서가 수립되는 것이다.

하나님이 만드신 사회와 공동체는 무질서와 혼돈의 사회가 아니다. 하나님은 계명과 율례, 법도와 규례로 이스라엘 백성을 시험(test)하신다. 하나님의 백성으로 만들어 가는지, 하나님의 백성답게 살아가는지, 하나님만을 주인/왕으로 모시는지를 테스트하신다.

하나님이 꿈꾸시고 만드시는 '질서 있는 사회(cosmos)'는 하나님의 보살핌을 받게 된다. 마치 온 천지 만물을 창조하실 때 혼돈(무질서, chaos)을 물리치시고 질서를 확립하시면서 아름답고 평화로운 세상(cosmos)을 창조하셨듯이, 하나님은 자기 백성을 법도와 규례와 계명을 통해 질서 있고 평화로운 나라로 세우시기를 원하신다.

그리고 자기 백성에게 안전을 보장하신다고 약속하신다.

"내가 애굽 사람에게 내린 모든 질병 중 하나도 너희에게 내리지 아니하리니 나는 너희를 치료하는 여호와임이라."(26절) 이 말씀은 애굽에 내렸던 역병들과 질병들을 연상시킨다. 너희를 보호하는 하나님, 너희를 온전케 하시는 하나님, 너희에게 샬롬의 의미를 충만하게 경험하게 하시는 하나님이라는 뜻에서 '치료하시는 하나님'이라고 드러내신다. 치료자(Healer) 하나님! 건강과 질병, 삶과 죽음을 관장하시는 절대적 주권자이시다. 이 사실을 이스라엘 백성은 두고두고 기억해야 한다.

홍해 도하 후 광야 여정의 첫 번째 사건(마라의 위기)은 앞으로 전개될 길고 긴 광야 여정을 요약해서 보여 주는 전형(典型, epitome)이다. 생존을 위한 날것의 기본 필요들 때문에 힘들면서도 하나님의 법도에 순종하려고 애쓰며 갈등하는 모습은 앞으로 전개될 광야 여정의 유별난 특징이다. 하나님의 말씀을 순종하는 일에 매번 실패하는 이스라엘이지만, 보듬어 안고 이끌어 가시는 하나님. 참 좋으신 분, 신실하신 하나님이시다.

마라에서 엘림으로

마라를 떠난 이스라엘은 엘림('나무들', '종려나무들')에 도착한다. 마라에서 엘림까지 낙타로 서너 시간밖에 떨어지지 않은 가까운 곳이었다. 엘림에 안착했다는 것은 하나님의 보살핌과 신실하심의 좋은 예이다. 물 샘 열두 곳과 종려나무 일흔 그루가 있는 이곳은 사막 한가운데 오아시스일 것이다. 12와 70은 상징 숫자이며, 열두 각 지파를 위한 열두 샘물이고, 일흔 그루의 종려나무 밑은 달콤하고 시원한 과일이 풍성한 완벽한 낙원이 아니겠는가? 하나님은 정말 필요한 것을 제공하여 살아가게 하고 지탱시켜 주시는 분이시다!

엘림에서 물을 마시고 종려나무 그늘에서 쉴 때, 이스라엘 백성은 무슨 생각을 했을까? 부끄러워 어쩔 줄 모르지 않았을까? 하룻길도 안 되는 거리를 참지 못했던 급한 성미가 마냥 부끄러웠을 거라고 상상하게 된다.

하룻길 여정

마지막 부분, 마라에서 엘림으로의 여정을 상상하자 갑작스레 찬송가 한 장이 떠올랐다. 흥얼거리며 몇 번이고 노래했다. 예스러운 찬송가 〈저 뵈는 본향 집〉이었다. 1절과 4절, 특히 4절 가사가 '마라에서 엘림까지'를 연상시키기에 충분했다. 하룻길도 안 되는 여정이었는데 말이다. '맞아, 우리네 인생도 비록 광야 길이지만 하룻길도 안 되는데!'라는 생각이 뇌리에 반복해서 들려온다.

무엇보다 4절 첫 소절을 부르다가 깜짝 놀랐다. 옛 찬송가와 새 찬송가는 서로 다르게 번역되어 있다. '주님 내 길의 원근을 분명히 모르니'(옛 찬송가 230장), 그리고 '주님 내 삶의 끝날을 분명히 모르니'(새 찬송가 239장)였는데, 본문 '마라의 위기' 에피소드를 읽고 묵상한 후에, 옛 찬송가 번역이 가슴에 사무치게 와닿았다.

'내 길의 원근(遠近)이'를 노래하다가 눈물이 핑하니 도는 것이 아닌가. 내가 걸어가는 광야의 여정이 얼마나 먼지 얼마나 가까운지 분명하지 않다는 고백 때문이었다. 한편 신학적 원근 공시법(멀고 가까운 것을 동시에 위에서 보듯이)에 따르면 인생의 길, 신앙의 길, 광야의 길은 하룻길이다. 마라에서 엘림까지의 길이 그렇듯 하룻길이라는 말이다. 조용한 시간에 찬송을 반복해서 불러 보자.

1. 저 뵈는 본향 집 날마다 가까워
   내 갈 길 멀지 않으니 전보다 가깝다.

4. 내 길의 원근을(내 삶의 끝날을) 분명히 모르니
   내 주여, 길 다 가도록 나 함께 하소서.

후렴
   더 가깝고 더 가깝다 하룻길 되는
   내 본향 가까운 곳일세.

바람과 성령과 연

"성령이 너희에게 임하시면 너희가 권능을 받고
예루살렘과 온 유대와 사마리아와 땅 끝까지 이르러 내 증인이 될 것이다."

행 1:8

연을 날려 본 적이 있는가? 연을 날리기 위해서는 무엇을 기다려야 한다. 그것이 무엇일까? 맞다, 바람을 기다려야 한다. 바람 없이 연은 날 수 없다. 그러나 바람이 불지 않는다면 연을 날리기 위해 힘껏 달려야 한다. 저 앞을 향해 전속력으로 달리다 보면, 어느새 연이 이륙하기 시작하는데, 숨이 차서 더 이상 달리기를 멈추는 순간 연은 순식간에 바닥으로 고꾸라진다. 무조건 달린다고 해서 연이 나는 것도 아니다. 연은 바람이 불 때 비로소 그 바람을 타고 창공으로 치솟는다.

크리스천도 마찬가지이다. 성령의 바람 없이는 '마른 뼈들의 골짜기'에 불과하다. 그리스도는 그저 과거에 계신 분이고, 복음은 죽은 글자에 불과하다. 교회는 단순히 기관이나 단체에 불과할 것이고, 선교는 선전이나 홍보에 지나지 않는다.

그러나 성령의 바람이 불기 시작할 때, 그리스도는 현존하신다. 복음은 그 복음을 믿는 각 사람에게 구원을 주시는 하나님의 능력이 된다. 교회는 그리스도의 살아 있는 몸이 될 것이고, 선교는 자발적으로 찾아가는 발걸음이 된다.

물론 우리는 성령의 바람 없이 이런저런 일을 하기도 하지만, 결과는 오래지 않아 땅에 떨어지는 연이 되고 만다. 그렇다. 마치 바람 없는 날에 연을 날리는 어린아이처럼 매번 힘껏 달리다가 멈추면서 좌절만 깊어갈 것이다. 그러므로 우리는 바람을 기다려야 한다. 성령의 바람을 기다려야 할 것이다. 아니 사모해야 한다.

바람이 오면, 다시 말해 성령의 바람이 오면, 그 바람에, 그 성령에 우리 자신을 온전히 맡겨야 한다. 성령께 항복한다는 의미이기도 하다. 그리고 나서 그 바람을 타야 창공을 날 수 있다.

마음속에 하늘을 나는 새에 대한 그리움이 있었다. 특히 내가 부러워하는 새는 바다 갈매기. 미국 오하이오 주에 살 때였다. 저녁 식사를 하고 나면, 종종 가족과 함께 가까운 호수에 나가곤 했는데, 바다만큼 광활한 이리(Erie) 호숫가에는 언제나 바다 갈매기들이 날고 있었다.

나는 잠시 차를 멈추고 바다 갈매기들이 하늘을 나는 광경을 물끄러미 바라보곤 하였다. 바람을 타고 나는 바다 갈매기에 매료되었다. 바람을 타고 이리저리 창공을 나는 바다 갈매기는 정말 부러웠다. 얼마나 자유롭고 멋졌는지! 창공을 난다는 것, 그것도 세찬 바닷바람을 타고 비상(飛上)하는 갈매기는 언제나 마음에 깊은 갈망을 자극했다. 나도 저 바다 갈매기들처럼 비상할 수 있다면 하고 말이다.

그렇다. 바다 갈매기들은 미칠 듯이 바람을 기뻐한다. 몰려오는 바람에 숨이 막혀도 그 바람을 이용하여 떴다가 내려오기도 하고, 방향을 멋지게 틀기도 한다. 바다 갈매기처럼 우리도 성령의 바람을 탈 수만 있다면, 하나님의 바람에 내맡긴다면, 우리의 생명과 재산에 미칠 염려가 있는 수많은 모험에서도 그 능력을 기뻐하게 될 것이다.

달리 말해 이러한 바람들이 삶의 현장에 있을 것이라고 확신한다. 그 바람을 신뢰하고, 그 바람에 우리의 비상을 맡기고, 그 바람이 우리를 나르게 하리라고 확신한다면, 우리는 능력(power)을 받게 될 것이다. 힘을 얻을 것이다. 이것이 "성령이 너희에게 오시면 너희는 '능력'을 받게 될 것이다."의 의미이다.

주 안에서 형제자매가 된 여러분, 날마다 성령을 사모하자. 그분께 우리의 삶을 맡겨 보자. 성령의 바람 없이 열심을 내면 힘만 들고 쉽게 지치고 좌절한다. 연은 바람이 있어야 나는 법이다. 신자는 성령이 오셔야 비상할 수 있다.

성령께 우리 자신을 내어 맡긴 사람은 좁을 길을 걸으면서도 기뻐할 수 있을 것이다. 이처럼 신앙의 비밀을 알았던 믿음의 선조들은 "성령이 계시네. 할렐루야, 함께하시네. 좁은 길을 걸으며 밤낮 기뻐하는 것은 주의 영이 함께함이라!"라고 노래할 수 있었나 보다.

일상성에 부는 성령의 바람

"성령이 너희에게 내리시면, 너희는 능력을 받고, 예루살렘과 온 유대와
사마리아뿐만 아니라 땅 끝에 이르기까지 내 증인이 될 것이다."

행 1:8

성령을 생각하면 어떤 장면이 떠오르는가? 큰소리로 할렐
루야 하기, 열정적인 박수와 찬송하기, 주여 삼창, 성령 집회 전
문 강사의 놀라운(?) 설교, 터치 미니스트리, 쉿소리 나는 목소
리, 불의 혀 같은 성령의 임재, 마귀를 쫓아내는 강력한 축사(逐
邪), 쉴 새 없이 터져 나오는 방언, 안수 안찰 기도, 영 빨 있는
기도 등이 아닌가. 그나저나 성령 전문 강사를 대여해 준다는
부흥사협회가 있다고도 하고, 한국 교회의 성령 관련 비밀스러
운 집회는 다소 종교 행상인들이 깊이 관여하고 있다는 불편한
진실이라는 것을 잘 알고 있다.

왜 이러한 일이 심지어 정통 교회 안까지 스며들었을까? 아
마 교회 지도자들 가운데 꿩 잡는 게 매라는 사고방식의 교회
성장 논리에 몰입하였거나, 연약한 사람들의 심리를 통제하여
어떤 종교적 이득을 얻어 내려는 데 목적이 있지 않나 추측하
기도 한다.

교인의 입장도 별반 다르지 않다. 성령과는 상관없는 교인

의 열심, 인위적인 열정과 광적인 열정이 이런 상황을 증폭시키기도 한다. 그들이 인간적 열정과 잘못된 배움에 대해 맹종을 내려놓아야 한다. 성령께 온전히 겸손하게 자신을 맡기게 될 때 이처럼 왜곡된 성령 운동은 시들해지지 않겠는가.

이 현상은 한마디로 '성령의 능력'에 관한 심각한 오해에서 비롯되었을 것이다. 무엇보다 사도행전 2장에 실려 있는 오순절에 발생했던 특별한 현상들을 배경으로 성령 사역을 오해하면서 시작되었다는 것이 나의 관찰이다. 성경 해석의 무지에서 오는 불행한 현상이다.

사도행전 1장 8절에 "성령이 너희에게 오시면 너희는 능력을 받게 될 것이다."라는 구절이 있다. 여기서 '성령 하면 능력이다!'라는 자동 반사적 공식이 생겨났고, 문제는 뭐가 능력인가 하는 것이다. 위에서 언급한 예들이 능력 과시인가? 글쎄, 일반적으로 이 말씀을 잘못된 방향에서 이해하고 접근했다는 점이다.

예수께서 하신 약속, "성령이 너희에게 임하시면 너희가 능력을 받을 것이다."라는 약속을 통하여, 예수는 다음과 같이 말씀하신다. 즉 하나님의 능력은 작은 일, 사소한 일에도 주어진다. 하나님의 능력은 우리의 연약함 안에 드러난다. 이미 사도 바울도 이 사실을 분명히 밝힌 적이 있다. "나의 여러 약한 것들에 대하여 자랑하리니 이는 그리스도의 능력이 내게 머물게 하려 함이라. 그러므로 내가 그리스도를 위하여 약한 것들과 능욕과 궁핍과 박해와 곤고를 기뻐하노니 이는 내가 약한 그때 강함이라."(고후 12:9~10).

그렇다면 성령의 능력을 받는다는 것은 무슨 뜻일까? 미국의 기독교 작가 마이크 야코넬리(Mike Yaconelli)가 매우 적절한 예로 오순절의 능력을 표현한 적이 있다. 들어 보자. 성령의 능력을 받는다는 것은, 적은 일, 사소한 일, 비천한 일, 보잘것없는 일, 가려진 일, 뒷일 등을 하기 위한 능력을 받는다는 뜻이다.

이는 잘못을 저지른 상대방에게 기꺼이 용서를 구하는 '힘'과 '능력'을 받는다는 것을 의미한다. 실수와 잘못을 인정하는 능력을 받는 것이고, 내가 하기를 두려워하는 것을 할 수 있는 능력을 받는다는 의미이다. 쓰레기 같은 카톡 정보나 천박한 유튜브, 허접한 종편 텔레비전을 보지 않을 수 있는 능력을 말한다.

내 배우자를 사랑하고 그와의 관계를 잘 유지하는 능력을 받는 것, 날마다 기도할 힘을 받는 것, 죄를 인정하는 능력을 받는 것, 싫어하는 사람에 대해 좋게 말하는 능력을 받는 것을 의미한다. 내가 한 행동에 대한 책임을 지는 능력을 받는다는 것을 의미한다.

가족의 안녕과 복리에 상충하는 그 무엇이 일어날 때마다 단호하게 'No!'라고 말하는 능력을 받는 것, 내 인생에서 가장 중요한 일을 못하도록 가로막는 물질적인 문제에 대해 'No!'라고 말하는 능력을 받는 것, 아내나 남편에게, 그리고 자녀들에게 "당신을 사랑합니다." 혹은 "너희를 사랑한단다."라고 말하는 능력을 받는 것을 의미한다.

그뿐만 아니라 도덕적으로 옳은 결정을 내림으로써 직면하게 될지 모르는 공격과 비판에 대해 담담하게, 굳세게 견디는 능력을 받는다는 것이고, 타인의 말에 대해 경청하고 잘 들을 수 있는 능력을 받는 것이다. 편지를 받고도 아주 오랫동안 답장하지 않는 친구에게 답장을 쓰는 능력을 받는 것, 나 자신이 미워도 다시는 자신에게 저주하는 말을 내뱉지 않는 능력을 받는 것, 삶에 대해 냉소적이기를 멈추는 능력을 받는 것을 의미한다.

여기에 열거한 목록이 그렇게 멋있거나 매혹적이지 않다는 것은 인정한다. 그러나 내 말의 요점은, 하나님의 능력은 일반적으로 이렇게 작동한다는 것을 의미한다. 하나님의 영의 바람은 일반적으로 이런 곳에 분다. 우리의 삶의 일상성(日常性) 속에, 무료하게 반복되는 삶의 자리 속에, 하찮아 보이는 일에 하나님의 영의 바람이 분다.

그렇다. 우리 삶의 사소한 자리를 성령께 내어 드리자. 이것이 성령에 이끌려 사는 그리스도인의 삶의 모습이다. 성령의 능력은 특정한 사람의 전유물이 아니다. 여러분이나 나에게도, 어디서든지 선물로 주어지는 하나님의 넉넉한 은혜이다. 그분께 삶의 운전대를 내어 드린다면 말이다.